Shakespeare e a Economia

Shakespeare e a Economia

Gustavo H.B. Franco

A Economia de Shakespeare

Henry W. Farnam

A Economia em Shakespeare

ZAHAR

Shakespeare's Economics, de Henry W. Farnam,
foi traduzido por Pedro Maia Soares,
da edição publicada em 1931 por Yale University Press.

Todos os trechos das obras de Shakespeare citados neste livro
foram traduzidos por Barbara Heliodora, exceto quando indicado.

Grafia atualizada segundo o Acordo Ortográfico da Língua Portuguesa de 1990, que entrou em vigor no Brasil em 2009.

Capa
Sérgio Campante

Imagens de capa
Fig. p.39, Office of Public Affairs, Yale University, 1870-1989.
Manuscripts and Archives, Yale University of Library.

Projeto gráfico
Mari Taboada

Apoio
Rio Bravo Investimentos

CIP-Brasil. Catalogação na fonte
Sindicato Nacional dos Editores de Livros, RJ

F895s Franco, Gustavo H.B. (Gustavo Henrique Barroso), 1956-
Shakespeare e a economia/Gustavo H.B. Franco e Henry W. Farnam; [tradução do texto de Henry W. Farnam por Pedro Maia Soares e dos trechos da obra de Shakespeare por Bárbara Heliodora]. — 1ª ed. — Rio de Janeiro: Zahar, 2009.

Tradução de: Shakespeare's Economics.
Inclui bibliografia e índice
ISBN 978-85-378-0175-8

1. Shakespeare, William, 1564-1616 — Conhecimento — Economia. 2. Shakespeare, William, 1564-1616 — Visão política e social. 3. Economia na literatura. 4. Grã-Bretanha — Condições econômicas — Século XVI. I. Farnam, Henry W. (Henry Walcott), 1853-1933. II. Shakespeare, William, 1564-1616. III. Título. IV. Título. A economia de Shakespeare. V. Título: A economia em Shakespeare. VI. Série.

CDD: 330
09-5087 CDU: 330

EDITORA SCHWARCZ S.A.
Praça Floriano, 19, sala 3001 — Cinelândia
20031-050 — Rio de Janeiro — RJ
Telefone: (21) 3993-7510
www.companhiadasletras.com.br
www.blogdacompanhia.com.br
facebook.com/editorazahar
instagram.com/editorazahar
twitter.com/editorazahar

Sumário

Henry W. Farnam

A Economia em Shakespeare *101*

Cronologia das obras de Shakespeare
[presumida]

Peças

Os dois cavalheiros de Verona (*The Two Gentlemen of Verona*)	1590-1591
A megera domada (*The Taming of the Shrew*)	1590-1591
Henrique VI, parte 2 (*Henry VI, part 2*)	1591
Henrique VI, parte 3 (*Henry VI, part 3*)	1591
Titus Andronicus (*Titus Andronicus*)	1591-1592
Henrique VI, parte 1 (*Henry VI, part 1*)	1592
Ricardo III (*Richard III*)	1592-1593
A comédia dos erros (*The Comedy of Errors*)	1594
Trabalhos de amor perdidos (*Love's Labour's Lost*)	1594-1595
Ricardo II (*Richard II*)	1595-1596
Romeu e Julieta (*Romeo and Juliet*)	1595-1596
Sonho de uma noite de verão (*A Midsummer Night's Dream*)	1595-1596
Rei João (*King John*)	1596-1597
Henrique IV, parte 1 (*Henry IV, part 1*)	1596-1597
As alegres comadres de Windsor (*The Merry Wives of Windsor*)	1597-1598
Henrique IV, parte 2 (*Henry IV, part 2*)	1597-1598

Muito barulho por nada (*Much Ado About Nothing*)	1598
Henrique V (*Henry V*)	1598-1599
Júlio César (*Julius Caesar*)	1599
Como quiserem (*As You Like It*)	1599-1600
Hamlet (*Hamlet*)	1600-1601
Noite de Reis (*Twelfth Night*)	1600-1601
Troilus e Créssida (*Troilus and Cressida*)	1601-1602
Medida por medida (*Measure for Measure*)	1603-1604
Otelo (*Othello*)	1603-1604
Bom é o que acaba bem (*All's Well That Ends Well*)	1604-1605
Tímon de Atenas (*Timon of Athens*)	1605
Rei Lear (*King Lear*)	1605-1606
Macbeth (*Macbeth*)	1606
Antônio e Cleópatra (*Antony and Cleopatra*)	1606-1607
Péricles (*Pericles*)	1607-1608
Coriolano (*Coriolanus*)	1608
O conto de inverno (*The Winter's Tale*)	1609-1611
Cimbeline, o rei da Britânia (*Cymbeline, King of Britany*)	1610
A tempestade (*The Tempest*)	1611
Henrique VIII / Tudo é verdade (*Henry VIII / All Is True*)	1613
Os dois nobres parentes / Os dois primos nobres (*The Two Noble Kinsmen*)	1613

Peças acrescentadas

Rei Eduardo III (*King Edward III*)	1592-1593
Sir Thomas More (*Sir Thomas More*)	1593-1601?

Peças perdidas

Trabalhos de amor recompensados (*Love's Labour's Won*)	1595-1597
Cardenio (*Cardenio*)	1612-1613

Poesia

Vênus e Adonis (*Venus and Adonis*)	1593
O rapto de Lucrécia (*The rape of Lucrece*)	1594
Um peregrino apaixonado (coletânea com outros autores) (*The Passionate Pilgrim*)	1599
A fênix e a pomba (*The Phoenix and the Turtle*)	1601
Queixas de uma amante (*A Lover'a Complaint*)	1601
Sonetos (*Sonnets*)	1609

Gustavo H.B. Franco

A Economia de Shakespeare

O retrato do capitalismo quando jovem

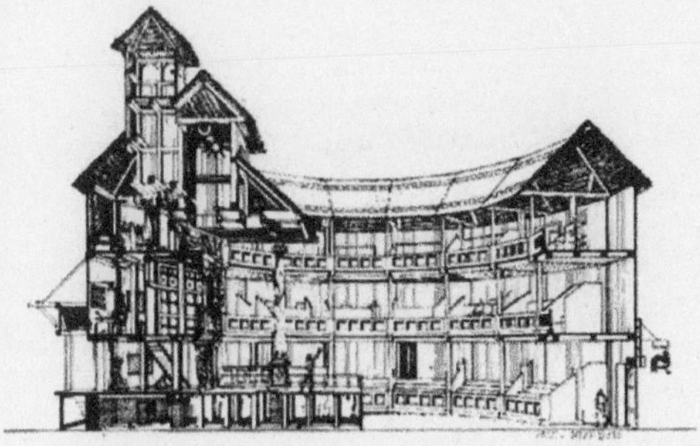

1. O HOMEM E SUA OBRA

Sabe-se inacreditavelmente pouco sobre "Gulielmus, *filius* Johanes Shakspear" (William, filho de John Shakespeare), o cidadão batizado nesses termos em 26 de abril de 1564, nascido alguns dias antes, não se sabe bem quando, e morto em 1616, aos 52 anos, no dia 23 de abril, que se convencionou adotar *também* como a data de seu nascimento, possivelmente por coincidir com o dia de são Jorge, padroeiro da Inglaterra. Não há anotações, diários ou cartas, nada que ele tenha deixado e que pudesse trazer muita luz sobre sua vida e obra.

Exceto pelos relatos de terceiros, gente que o conheceu ou que guardou histórias sobre ele, reais ou fabricadas, assim alimentando uma espécie de narrativa mítica sobre o homem, existem apenas os registros legais, batismo, casamento, depoimentos em processos e o seu testamento, que, conforme Stanley Wells, um de seus principais biógrafos,[1] "foi o mais e o menos pessoal dos documentos de Shakespeare a sobreviver". Era friamente pessoal na medida em que o testamento estabelecia complexos dispositivos sobre a divisão de seus bens, que, como veremos, não eram poucos. Ademais, foi escrito por um advogado como documento jurídico padrão, sem qualquer vestígio da pena de Shakespeare, qualquer menção a seus livros, manuscritos e obras publicadas ou por publicar. Era mais uma porta fechada para o gênio, e o pouco que mostrava sobre o homem e seus problemas no fim da vida, como sugere Kathernie Duncan-Jones, em um ensaio biográfico recente, e um tanto mais polêmico, "inevitavelmente desapontará".[2] O leitor e especialmente o investigador iniciante e ocasional, diante desta cidadela de mistério, podem facilmente se impressionar com os "maus versos"[3] do epitáfio do poeta:

Amigo, em nome de Jesus amado,
Não cave o pó que está aqui guardado
Bendito quem estas pedras poupar,
Maldito quem meus ossos revirar*[4]

Nada indica, todavia, que esta maldição "reputadamente brutal" seja de autoria do bardo; era comum nas lápides da região, mas permite a conjecturas, como a de que ele não queria que sua esposa fosse ali enterrada[5] – este, mais um de incontáveis enigmas sobre o homem. O fato é que a maldição que enuncia, com o tempo, veio a assumir o formato singular de um desafio para os intérpretes do dramaturgo, os que remexem seus ossos, a julgar pela observação de Peter Brook: "Escreveram-se milhões e milhões de palavras sobre Shakespeare – a tal ponto que é quase impossível descobrir hoje um pensamento novo sob a pena de quem quer que seja."[6] O mesmo vale para um comentário de T.S. Eliot: "O máximo que podemos esperar quanto a Shakespeare é estarmos errados dentro de uma nova abordagem."[7]

Exceto, talvez, por um solitário manuscrito, um trecho de uma peça censurada, *Sir Thomas More*, da qual se acredita que Shakespeare tinha sido um dos autores,** tudo o que comprovadamente restou de seu próprio punho foram exatos seis exemplares de sua assinatura, cada qual numa grafia diferente e mais feia. Embora haja quem tome este pequeno

---

* Good frend for Jesvs sake forbeare, / to digg the dvst encloased heare. / Blest be y man y spares thes stones / and cvrst be he y moves my bones.

** Encontra-se na British Library um manuscrito a várias mãos, sem data, intitulado *Sir Thomas More*, que teria Shakespeare entre seus autores. Originalmente, esta peça teria sido submetida por seus autores prováveis – Anthony Munday e Henry Chettle – a sir Edmund Tilney, Master of the Revels, a autoridade responsável pela censura e autorização de peças de teatro naquela ocasião. Tilney proibiu a peça, determinou revisões e, em resposta, o texto foi reescrito. O novo manuscrito, este que sobreviveu, tem cinco autores e também inserções creditadas ao próprio Tilney. Um desses autores, o responsável por exatas 164 linhas, conhecido como o da "caligrafia D", teria sido o próprio Shakespeare. Os indícios produzidos por exames paleográficos, a partir das assinaturas do poeta, são convincentes, embora não definitivos. Considerações literárias, todavia, reforçam a tese da autoria, que se estabelece a partir dos anos 1920. O manuscrito é imensamente revelador sobre os métodos de trabalho do bardo. *Cf.* Dobson e Wells, 2008, p.433.

detalhe muito a sério, a ponto de usá-lo como apoio a teorias mirabolantes sobre a autoria das peças, aquela era uma época – conforme adverte o linguista David Crystal, grande autoridade em assuntos shakespearianos – em que o conceito de "grafia correta" ainda não tinha se estabelecido como hoje o entendemos.[8] A língua inglesa passava por um momento de descoberta, inovação e consolidação, como de resto todo o panorama da economia. Envolvia, ademais, a adoção das convenções da linguagem escrita; por ora, ainda o latim, "desde a década de 1540, tornara-se o veículo para todo comentário fluente e elegante, em qualquer campo de conhecimento, em Cambridge e Oxford".[9]

Em 1605, na Biblioteca de Oxford, que não incluía peças de teatro, havia apenas 36 livros em inglês entre cerca de 6 mil volumes.[10] O primeiro dicionário da língua inglesa foi publicado em 1604, mas talvez fosse só um primeiro esboço, pois contava apenas 2.521 verbetes. Shakespeare, em sua obra reconhecidamente abundante, ou mesmo superlativamente exuberante em vocabulário, teria usado algo em torno de 20 a 30 mil palavras diferentes e *inventado* cerca de 1.700.[11] Outra estimativa, de "primeiro uso registrado" de palavras, eleva este número para 2.035.[12] Por isso se diz que a genialidade de Shakespeare, entre tantas virtudes, tem a ver com as palavras, ou mesmo com a invenção do próprio idioma – uma de numerosas inovações revolucionárias da época, como o próprio teatro, e também, destacadamente, a economia de mercado. Com efeito, a língua ia amadurecer espetacularmente com Shakespeare e depois dele, em virtude do comércio, mas também e principalmente pelo teatro. Mas o fato é que um século e meio ainda se passaria antes da publicação, em 1755, do grande e paradigmático dicionário de Samuel Johnson, o grande homem de letras do século XVIII, e não por acidente também um dos mais importantes editores e intérpretes de Shakespeare.

Não é de se estranhar, portanto, que, na época em que Shakespeare viveu, em 342 aparições por escrito de seu nome em manuscritos da época, possam ser encontradas exatas 25 variantes diferentes de grafá-lo: Shackspeare, Shagspere, Shaxberd, Shekspere, entre outras. Ele próprio assinou seu nome de diferentes maneiras nos seis exemplares que sobreviveram! O assunto merece gentilíssima sátira no filme *Shakespeare apaixonado*, cuja primeira aparição do herói em seu quarto, escrevendo, é descrita no roteiro consagrado de Marc Norman e Tom Stoppard da seguinte forma:

> A intervalos regulares, vemos pedaços de papel amassados sendo atirados contra a prateleira. O homem que os está atirando, Will Shakespeare, está curvado sobre a mesa, escrevendo concentrado com uma pena. Agora vemos o que ele está escrevendo: Will está praticando sua assinatura, repetidamente. Will Shagsbeard... W Shakspur... William Shasper... A cada tentativa insatisfatória, amassa o papel e joga fora.[13]

O premiadíssimo filme possui inúmeros outros tons de sátira, a começar por oferecer uma conjectura, tão boa como tantas outras disponíveis, sobre como Shakespeare conseguiu o dinheiro (50 libras) para se tornar acionista da companhia de teatro Chamberlain's Men.* Inclui também uma levemente insolente subversão na cronologia das peças: o enredo de Norman e Stoppard tem lugar em 1593, em torno da composição de *Romeu e Julieta*, que, na verdade, teria sido encenada pela primeira vez não antes de 1595, e de *Noite de reis*, supostamente escrita a seguir, mas que na verdade é datada entre 1600 e 1602, havendo cerca de uma dúzia de peças entre uma e outra. Isso para não falar no fato de a rainha jamais ter pisado no Curtain, no Rose ou em qualquer teatro; e de o papel ser mercadoria tão cara naqueles dias, e parcela tão importante dos custos de um autor, que, como observa uma autoridade, Andrew Gurr, "o escritor em *Shakespeare apaixonado* que tão livremente destrói as folhas onde luta para escrever *Ethel, a filha do pirata* não era um elisabetano".[14]

Sobre o filme, mais genericamente, vale registrar o comentário de outra autoridade, Stanley Wells:

---

* O leitor cinéfilo não deve se furtar a visitar o final alternativo do filme, disponível na versão em DVD, no qual Richard Burbage, o líder da companhia, toma o dinheiro (50 libras) que Will ganhou na aposta com lord Wessex e dá as boas-vindas a Will como sócio de Chamberlain's Men. Burbage e Shakespeare saem de cena conversando sobre o futuro, à moda do final de Casablanca. A conjectura mais popular sobre como Shakespeare pagou as 50 libras envolve o compromisso de escrever novas peças em bases periódicas (Honan, 1998, p.254), ou o fato de um mecenas, o conde de Southampton, a quem dedicou poemas e com quem se especula que pudesse ter desfrutado de maior intimidade, tenha lhe doado o dinheiro (Akrigg, 1968, p.220).

Com a sua convincente reconstrução do teatro Rose e a forma pitoresca de representar a corte elisabetana e o teatro, os espectadores que procuram realismo documental recebem uma impressão sobre Shakespeare e seu ambiente teatral tão falsa quanto alguém que buscasse em *Rei Lear* informações precisas sobre a Inglaterra no século VIII d.C.[15]

Mas que importa? Se há algo que encanta o público em geral e muitos shakespearianos em particular é a leveza com que o filme trata uma tensão, presente em muito do que se escreve sobre Shakespeare, entre a grandeza infinita da obra e a irritante insignificância das informações sobre o homem; ou, como descreveu Bryson, Shakespeare

As seis assinaturas de Shakespeare

Shakp, 1612, depoimento no processo Belott-Mountjoy.

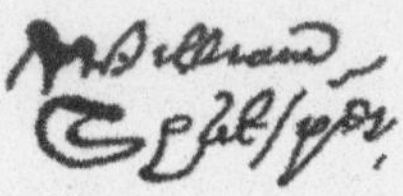

Shakspe(r), 1613, escritura de Gatehouse.

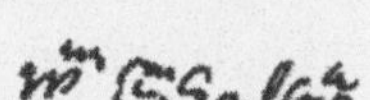

Shakp, 1613, hipoteca de Gatehouse.

Shakspere, 1616, primeira e segunda folhas do testamento.

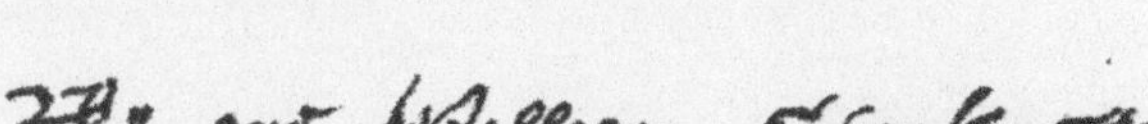

Shakspere, 1616, terceira folha do testamento.

seria "a mais conhecida e a menos conhecida das criaturas".[16] Diante desse desconforto, a propensão é grande, na biografia e mesmo na crítica, a preencher as lacunas sobre o homem e suas motivações lançando mão dos textos das peças, ou ainda com as pistas instigantes contidas nos sonetos, supostamente mais reveladores, ao trazerem a voz do autor na primeira pessoa.

Criam-se assim infindáveis enredos, alguns muito bem achados e sugestivos, a maioria exagerada, mas a todos faltando o efetivo apoio empírico. Mas como resistir? Todo o inesgotável acervo de imagens da obra é potencialmente revelador e autobiográfico. Ou não, e não há como saber; quanto desse material pertence à vivência do próprio autor? Sigmund Freud, ninguém menos, opinou: "Para mim é inconcebível que Shakespeare obtivesse tudo de segunda mão – a neurose de Hamlet, a loucura de Lear, a ousadia de Macbeth e a personalidade de Lady Macbeth, o ciúme de Otelo."[17] Como não se deixar dominar pela conjectura, especialmente quando, qualquer que seja ela, é sempre possível encontrar apoio na leitura idiossincrática de *algum* trecho?

Na verdade, esse viés conjectural está flagrantemente presente já na primeira biografia, de 1709, escrita pelo primeiro editor de Shakespeare, Nicholas Rowe, inserida na primeira reedição das obras completas de Shakespeare desde os *folios* do século XVII. A primeira publicação da obra teatral completa é de 1623, conhecida como *First Folio*, edição póstuma, organizada por seus colegas da companhia de teatro Chamberlain's Men, John Heminges e Henry Condell. Nada menos que metade das peças de Shakespeare teria se perdido se não tivessem sido recuperadas e publicadas por estes senhores, talvez por isso "os maiores heróis literários de todos os tempos".[18]

É no *First Folio* que aparece a mais conhecida imagem de Shakespeare, a icônica gravura de Martin Droeshout, com todos os seus defeitos e desproporções, feita a partir da efígie que está na Trinity Church em Stratford, esta, por sua vez, possivelmente encomendada pela família e feita a partir da máscara mortuária do bardo. Sua única imagem em vida é o conhecido "retrato Chandos", que mostra um

As duas únicas imagens autênticas de Shakespeare. À ESQUERDA: "Retrato Chandos", de autoria desconhecida. À DIREITA: gravura de Martin Droeshout, que aparece no *First Folio.*

homem digno, com um brinco de ouro na orelha esquerda, indicação de "um espírito audacioso e rebelde".[19] Muitos outros supostos retratos de Shakespeare surgiram ao longo do tempo, mas nenhum foi reconhecido como autêntico. O mais recente, de 2009, mostra um homem próspero, como o qualificou Stanley Wells, mas não é possível dizer mais.

Outros *folios* foram publicados posteriormente, com revisões e inclusões, sobretudo a partir dos *quartos* – os textos das peças ocasionalmente publicados durante o período em que eram encenadas –, muitos deles edições não autorizadas e distorcidas, parecendo registros de memória de algum ator. O *First Folio* trouxe exatas 36 peças, metade das quais ali publicadas pela primeira vez, organizadas nas categorias comédias, histórias e tragédias. Posteriormente, duas outras peças foram incluídas no "cânone" (*Eduardo III* e *Dois parentes nobres*, provavelmente escritas em colaboração), que é como se descreve a obra completa, compreendendo peças de autoria compartilhada, como *Henrique VIII* e *Eduardo III*. Existem ao menos duas peças perdidas: *Cardenio*, e *Love Labour's Won*, ambas em colaboração com John Fletcher. Acredita-se que mil cópias do *First Folio* tenham sido impressas, das quais 238 sobrevivem em diferentes estados de conservação, muitas das quais na Folger Library, em Washington.

O cronograma no início deste livro oferece ao leitor uma lista completa das 38 peças, e mais a poesia de Shakespeare, dispostas segundo a data presumida de término, com seus títulos já traduzidos para o português. É reproduzido do volume recentemente editado por Liana de Camargo Leão e Marlene Soares dos Santos, obra que reúne uma amostra representativa da produção de shakespearianos brasileiros, com destaque para Barbara Heliodora.

A narrativa de Rowe, como a de todos os outros biógrafos que o seguiram, tinha de ser construída com fatos muito rarefeitos e que, pior ainda, não cresceram de modo muito significativo no decorrer do tempo. É comum dizer que, a se trabalhar com os fatos efetivamente documentados, a biografia de Shakespeare seria muito breve. Nasceu em Stratford-upon-Avon, estudou na escola secundária local até os 15 anos e casou-se aos 18 com Anne Hathaway, oito anos mais velha e já grávida. Sua primeira filha Susanna nasceu em 1583, e os gêmeos Judith e Hamnet em 1585. Aos 21 anos, quando parecia destinado a seguir o ofício do pai, fabricante de luvas, teve início o período designado pelos biógrafos como "anos perdidos", no qual, em algum momento, mudou-se para Londres sem a família, tornou-se ator e autor, de tal sorte a se ouvir falar dele nessa condição pela primeira vez em 1592. Em 1594 entrou para a mais bem-sucedida companhia de teatro de seu tempo, episódio em torno do qual se constrói o filme *Shakespeare apaixonado*, e em 1599 já era sócio de um teatro, o Globe. Em 1609 tornou-se sócio de outro, o Blackfriars, e já possuía diversas propriedades. Seus últimos escritos foram de 1613, três anos antes de deixar este mundo.

Em absoluta desproporção com os mistérios sobre o homem, o volume e a qualidade das análises sobre a obra – muitas das quais empreendidas por alguns dos maiores nomes da literatura universal nos quatro séculos seguintes –, bem como a curiosidade sobre o autor cada vez mais consagrado, cresceram de forma extraordinária. São 4 mil novos títulos sobre Shakespeare produzidos a cada ano nos mais diversos países. Existem réplicas do Globe nos Estados

A CATALOGVE
of the ſeuerall Comedies, Hiſtories, and Tragedies contained in this Volume.

COMEDIES.

The Tempeſt.	Folio 1.
The two Gentlemen of Verona.	20
The Merry Wiues of Windſor.	38
Meaſure for Meaſure.	61
The Comedy of Errours.	85
Much adoo about Nothing.	101
Loues Labour loſt.	122
Midſommer Nights Dreame.	145
The Merchant of Venice.	163
As you Like it.	185
The Taming of the Shrew.	208
All is well, that Ends well.	230
Twelfe-Night, or what you will.	255
The Winters Tale.	304

HISTORIES.

The Life and Death of King John.	Fol. 1.
The Life & death of Richard the ſecond.	23
The Firſt part of King Henry the fourth.	46
The Second part of K. Henry the fourth.	74
The Life of King Henry the Fiſt.	69
The Firſt part of King Henry the Sixt.	96
The Second part of King Hen. the Sixt.	120
The Third part of King Henry the Sixt.	147
The Life & Death of Richard the Third.	173
The Life of King Henry the Eight.	205

TRAGEDIES.

The Tragedy of Coriolanus.	Fol. 1.
Titus Andronicus.	31
Romeo and Juliet.	53
Timon of Athens.	80
The Life and death of Julius Cæſar.	109
The Tragedy of Macbeth.	131
The Tragedy of Hamlet.	152
King Lear.	283
Othello, the Moore of Venice.	310
Anthony and Cleopater.	346
Cymbeline King of Britaine.	369

Sumário do *First Folio. Troilus e Cressida* está no volume, mas não aparece listada. *Dois nobres parentes* e *Péricles* não estão no volume.

Unidos, Canadá, Japão e Alemanha, tal como templos desse credo, atestando assim uma impressionante vitalidade dessa obra que se estabelece, como observa Bloom,[20] como "o centro estável do cânone ocidental" e parece alcançar a transcendência de uma "Escritura Secular". Com isso, a lacuna entre o autor e a obra se torna simplesmente grande demais. Tudo se passa, conforme observa a professora Liana Leão, "como se a própria ficção se negasse a abandonar o seu maior criador. O que Rowe inaugura com a primeira biografia, portanto, não é somente a tentativa de resgatar a vida de Shakespeare, mas um verdadeiro movimento de ficcionalização da figura sempre enigmática do poeta".[21]

É curioso que o clímax da tensão acima aludida entre a estatura da obra e o mistério sobre o homem comece a explodir na Inglaterra vitoriana, quando se encontrava firmemente fixada a noção de que a obra que constitui a maior realização da cultura ocidental pertencia a um autor que sequer cursou a universidade. A chamada "controvérsia da autoria", vale dizer, a vasta família de teses segundo as quais o *verdadeiro* autor de peças de Shakespeare seria outra pessoa, era "um acidente esperando para acontecer".[22]

A "teoria baconiana", que atribui a autoria das peças a sir Francis Bacon, teve início em 1785 com o reverendo James Wilmont, mas popularizou-se apenas bem adiante, em 1856, a partir de um livro bombástico de Delia Bacon, escritora americana sem parentesco com sir Francis, mas auxiliada por um prefácio de Nathaniel Hawthorne. Descrita como bela e obstinada, Delia Bacon foi protagonista de aventuras rocambolescas envolvendo a tentativa de violar o túmulo de Shakespeare, onde estariam ocultas as provas de sua teoria, e – no que parece ser uma instância da maldição do epitáfio – terminaria seus dias em um manicômio.[23] O mesmo não se passou como outros "baconianos", como William Henry Smith, escrevendo em 1857, com o juiz americano Nathaniel Holmes, em 1866, e mais tarde, em 1888, com Ignatius Donnely, um espiritualista segundo o qual Bacon teria deixado provas de sua autoria no *folio* de 1623, ocultas em um complexo código matemático.

Essas aberrações ganharam novo impulso mais adiante, já no século XX, como observa Honan: "A pura curiosidade a respeito de Shakespeare ... é incessante e parece permitir tudo. O caminho está aberto para biografias 'pop', jogos intelectuais ou livros malucos sobre Damas Negras, ou então sobre Bacon ou o conde de Oxford como supostos autores das peças."[24]

Nos anos 1920, com efeito, as alegações chegaram a um apogeu a partir do livro de um certo Thomas Looney, segundo o qual o verdadeiro Shakespeare era Edward de Vere, décimo sétimo conde de Oxford, teoria que parece ter tido algum impacto sobre Walt Whitman, Mark Twain, Henry James, Sigmund Freud e também sobre o próprio Henry Farnam, como se observa em seu Prefácio, mais adiante. Na verdade, embora Farnam afirme expressamente que nenhuma de suas conclusões é afetada "por questões de autoria", no que está absolutamente correto, o fato de levar assim tão a sério a "teoria oxfordiana" em nada contribuiu para a recepção de seu livro.

"Candidatos" a Shakespeare. À ESQUERDA: Edward de Vere, conde de Oxford (1550-1604). À DIREITA: O filósofo Francis Bacon (1561-1627).

Christopher Marlowe (1564-93), poeta e dramaturgo, um dos mais brilhantes de seu tempo.

Há problemas, para se dizer o mínimo, com a "teoria oxfordiana", a começar pelo fato de que De Vere morreu em 1604, e cerca de uma dúzia de peças foi escrita desta data até 1616, quando William Shakespeare morreu, e também com a poesia medíocre que Oxford publicou ortônimo. Na essência, essa e outras teorias ditas "antistratfordianas" expressavam um inconformismo preconceituoso: a obra de Shakespeare seria "refinada demais para ter sido escrita por um mero ator de Warwickshire".[25]

Existem, com efeito, inúmeros outros *candidatos* a verdadeiros autores das peças, quase todos nobres e bem-educados, como William Stanley, conde de Derby, Roger Manners, quinto conde de Rutland, sir Walter Raleigh, sir Edward Dyer, e também Robert Devereux, segundo conde de Essex, entre mais de 50 outros que chegaram a incluir a própria rainha Elisabeth e também Christopher Marlowe, que não era nobre, mas ao menos tinha estudado em Cambridge.

Marlowe, sem dúvida um autor que teve influência relevante sobre Shakespeare, morreu em 1593, mas, de acordo com essa teoria, teria sido mantido vivo, oculto e produzindo ao longo de mais cinco anos durante os quais teria escrito toda a obra remanescente de Shakespeare. Ele estaria trabalhando para o serviço secreto da rainha, chefiado por sir Francis Walsingham, que teria sido seu amante.[26] Sobre essas especulações a respeito da autoria das peças, como observa Barbara Heliodora, "já se disse, na verdade, de tudo, atestando uma surpreendente variedade de formas de loucura".[27]

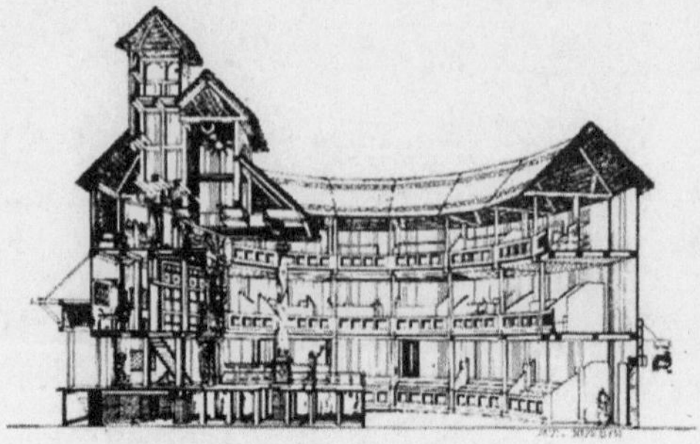

2. Moedas, palavras e mercados

O teatro, entre tantas inovações revolucionárias do alvorecer da economia de mercado, teve imenso impacto social. O teatro, como anteriormente observado, funcionou como uma usina criadora de palavras e sobretudo de combinações entre elas de enorme valor, tal como nos mercados, onde circulavam as moedas, multiplicando as trocas e a riqueza. São incontáveis as possibilidades das metáforas unindo palavras e moedas. Como observa Sandra Fischer em seu glossário sobre a linguagem de Shakespeare, significativamente denominado *Econolingua*:

> A equação entre palavras e moedas não reside apenas na similaridade de sua função no ato da troca – palavras como instrumento (*token*) da troca intelectual –, mas também sintetiza a transição do valor intrínseco para o de troca. Palavras, como o valor individual, começam a ter valor não apenas pelo que representam (valor intrínseco), mas pelo que lucro ou estima que sua pronúncia pode engendrar.[1]

Conforme a descrição de Vivian Thomas, compiladora de outro glossário da linguagem econômica de Shakespeare:

> Esse foi o momento em que o mercado ganhou preponderância e se tornou central para a sensibilidade da época. O teatro e sua hinterlândia incorporavam o espírito do mercado. O teatro abarcava a totalidade da vida social em todas as suas múltiplas dimensões, da história aos assuntos contemporâneos – de monarcas a mendigos. ... Esse foi o período

de transformação que facilitou e também estimulou a articulação e o questionamento, através do teatro, das preocupações, tensões, aspirações, valores e alcance do imaginário da sociedade. *A linguagem, a mais significativa moeda da época, estava sendo cunhada dentro do teatro.*[*]

É interessante reparar, já que falamos da cunhagem de palavras, que o sistema monetário propriamente dito *tàmbém* se encontrava em um estado de descobertas, inovação e consolidação, e em processo de adaptação a uma economia que se tornava imensamente mais complexa. Segundo Braudel, "o dinheiro é uma linguagem, ... ele evoca e torna possíveis conversações e diálogos; e existe em função dessas conversações".[2] Os elementos dessa *linguagem*, suas *palavras*, eram reconhecidamente escassas, variáveis em qualidade, facilmente falsificáveis, corroídas ou alteradas, ou mesmo deliberadamente corrompidas pelos próprios soberanos que lhes fixavam suas efígies.

A oferta de meios de pagamentos restringia-se às moedas metálicas, inúmeras delas, de todo tipo; não havia notas bancárias, mas havia *tokens* privadas, de natureza muito variada. Diferentes pesquisadores listam cerca de duas dezenas de moedas inglesas em circulação no período 1558-1603, com diferentes denominações, pesos, percentuais de prata e ouro, fineza do metal, e mesmo moedas nominalmente idênticas, mas com diferentes percentuais de metal conforme a "safra". Shakespeare alude a pelo menos 36 diferentes moedas em suas peças:[**] todas as inglesas, algumas pelos seus apelidos, e também a moedas estrangeiras que circulavam sem restrição.[3] Somam-se a isso ao menos 30 gírias diferentes para dinheiro.[***]

---

[*] Thomas, 2008, p.xviii, grifos meus. A sentença grifada, de difícil tradução, lê-se no original: "*Language, the most significant currency of the age, was being newly minted within the theatre.*"

[**] A saber *angel, cardecu, copper, crown, dollar, crusade, drachma, ducat, ecu, eightpenny, elevenpence, eleven-pence farthing, farthing, French crown, gold, groat, halfpence, halfpenny farthing, mark, mill-sixpence, noble, obulus, penny, pound,press-money (prest money), shilling, silver, sixpence, sixpenny, tester, tertern, three-farthing, threepence, twelvepence, twopence,* entre algumas mais.

[***] Tais como *bit, black, dog, bonnet, bullet, chink (chunk), circle, copper nose, cue, drop, gridiron, monkey, moy, offering, pax, picture, piece, pig, plow, portcullis, rag, ruddock, salute, shell, spangle, silverling, spur, stamp* e *swine. Cf.* Fischer, 1985, p.18. *Ver também* Wells, 1993.

Os sucessivos episódios de redução do percentual e/ou da qualidade do metal nas moedas – processo conhecido como *debasement* –, ocorridos durante os reinados de Henrique VIII e Eduardo VI, deixaram uma impressão negativa e duradoura. Entre 1542 e 1551 diversas moedas tiveram seu conteúdo em prata reduzido, em média, a cerca de um terço dos marcos originais, e os preços dobraram: este seria o período de maior inflação no século XVI, cerca de 7% ao ano.[4]

Elisabeth I procurou reorganizar o sistema monetário – e sir Thomas Gresham foi um de seus conselheiros nesta empreitada – recolhendo todas as moedas e recunhando-as segundo um só padrão. Processo doloroso, como costumam ser os episódios que hoje designaríamos de "política monetária restritiva", ou "saneamento do meio circulante" – e que, na verdade, foi bem-sucedido em boa medida por conta do inesperado influxo de metal oriundo do Novo Mundo. Segundo um observador em 1561, "os cidadãos de Londres estavam atormentados por uma praga tríplice: pestilência, escassez de moeda e carência de comida".[5]

A inflação durante o reinado de Elisabeth foi bem menor, em torno de 50% em 38 anos, e foi com ela o último ainda que pequeno episódio de *debasement* verificado até dois séculos mais tarde, em 1798. Em seu reino, a memória de incidentes monetários, truques e malversações empreendidas pelos reis, corrompendo as moedas que carregavam, para usar a expressão de Hamlet (Ato II cena II 338), seus "retratos em miniatura", forneceu contudo material precioso para Shakespeare abusar de analogias sobre os reis e suas aparições em moedas. O próprio Lear brinca com essas possibilidades quando aparece "enfeitado fantasticamente com flores selvagens" diante de Gloucester (já cego) e Edgar, surpreende-se ao ver o rei assim vestido ou disfarçado, numa falsificação de si mesmo. Lear responde:

> *No, they cannot touch me for coining; I am the king himself.*
> (Ato IV cena VI 82)
> Não, não poderão pegar-me por cunhar moedas; sou o rei.
> (Tradução de Carlos Alberto Nunes)
> Por cunhagem falsa não me pegam; eu sou o próprio rei.
> (Tradução de Barbara Heliodora)

Thomas Gresham (c.1519-79), comerciante, financista e representante da rainha Elisabeth I.

As trapaças monetárias dos reis eram os "pacotes econômicos" daqueles dias. Ademais como observa Frederick Turner:

> E se existir uma questão séria sobre a legitimidade da efígie ou inscrição impressa sobre a matéria-prima? Quem tem o direito de cunhar uma moeda? E se o rei, cuja imagem está na moeda, não é o legítimo herdeiro? Afinal, o que faz um rei legítimo? Um número suficiente de moedas malversadas depreciará o dinheiro; um rei malversado pode depreciar toda a comunidade.[6]

Mas embora Elisabeth tenha resistido às tentações a que sucumbiu seu pai de corromper a moeda, o mesmo não podia ser dito de incontáveis praticantes do que se conhecia na ocasião como *clipping*. Consistia em se raspar ou cortar pedaços das moedas, mas com o cuidado de disfarçar o procedimento a fim de passar adiante a moeda pelo valor de face. Considerada a quantidade e variedade das moedas em circulação, a incidência do *clipping*, como relata Muldrew, "resultava em que o meio circulante era uma barafunda de moedas, muitas das quais mais leves que o peso oficial originalmente definido na cunhagem".[7] E mais:

os comerciantes mais abastados, tipicamente os que faziam transações internacionais, guardavam para este fim as moedas de melhor qualidade assim como os mais ricos, que guardavam suas fortunas em moedas boas e intactas que raramente circulavam. O pequeno comércio, os pobres e o troco sofriam seriamente uma "escassez de meios" que viria a se resolver apenas muitos anos depois quando se adotou oficialmente o *token* fiduciário, feito de metais de baixo valor, para circular como moeda de troco. Claro que Shakespeare não deixaria passar um fenômeno tão presente no cotidiano de seu público. Em *Henrique V*, na véspera da batalha, o rei, disfarçado, conversa com seus soldados, e diz a um deles:

> *It is no English treason to cut French crowns, and tomorow the King himself will be a clipper.*
> (Ato IV cena I 222)
> Mas não se tornará traidor o inglês que cortar coroas francesas; amanhã até mesmo o rei vai transformar-se em um falsificador de moedas.
> (Tradução de Carlos Alberto Nunes)
> Mas não será traição para um inglês cortar coroas francesas, e amanhã o próprio rei estará usando a tesoura.
> (Tradução de Barbara Heliodora)

Modificar as moedas era crime de traição, e o rei alude às moedas francesas com a efígie de seu rei; ao falar que será, ele próprio, um *Clipper*, o rei inglês quer dizer que pretende decapitar o rei francês. As moedas e os reis que as fabricavam ofereciam possibilidades imensas no terreno dramático. Verifica-se aí, com especial intensidade no terreno da moeda, e mais genericamente dos valores, o divórcio entre "o valor de face", ou a "inscrição", e o "valor material", ou a substância, uma distância que cresceria muito mais no futuro, em decorrência do advento do papel-moeda.[8] Mas que já era monumental quando se consideravam o estado caótico das moedas em circulação, suas diferenças de qualidade, de lastro e de safra, a incidência de *clipping*, para não falar de *tokens* privadas, de tal modo que poucas moedas valiam realmente o que nelas estava inscrito.

Era uma época em que se firmava a noção da boa moeda, talvez estrangeira e sempre rara, e inúmeras más e péssimas moedas, e na qual a reação do público diante do caos monetário consagrava o que se conhece como "Lei de Gresham" – "o dinheiro ruim expulsa o dinheiro bom da circulação", ou a ideia que as pessoas sempre irão tentar se livrar primeiro do dinheiro de pior qualidade. A "lei", na verdade, tinha pouco a ver com sir Thomas Gresham. Foi uma racionalização feita em 1896 por Henry MacLeod para os comportamentos diante da confusão monetária.[9] Diz a lenda que a "lei" teria como origem uma carta de Gresham para a rainha Elisabeth – onde ele nada fazia além de afirmar que a depreciação da libra fora causada pelos *debasements* provocados por Henrique VIII e Eduardo VI.[10] Se tivesse lido o soneto 144 de Shakespeare, MacLeod veria na última linha um trocadilho do poeta a propósito da "lei", que, talvez, por conta desta alusão, pudesse ter outro patrono, mais ilustre. O verso é o seguinte:

> Till my bad angel fire my good one out.
> Até que o anjo do mal expulse o anjo do bem.
> (Tradução de Péricles Eugênio da Silva Ramos)

O leitor deve ter presente que o *angel* era o nome de uma das mais populares moedas de ouro da Renascença, tendo circulado entre 1465 e 1642, e que correspondia a um terço de uma libra esterlina, valor que flutuou em decorrência das alterações de preços do ouro e da prata. O *angel* foi matéria-prima para incontáveis jogos de palavras[11] e serviu de nome para milhares de pubs espalhados pelas Ilhas Britânicas. O soneto trabalha com imagens fáusticas, um anjo bom em contraposição a outro mau, a famosa *dark lady*, céu e inferno, espírito e corpo, e o poeta, que suspeitamos tenha se interessado por economia, termina seu devaneio com um trocadilho sobre a "Lei de Gresham".[12]

Angel, moeda de ouro que levava a figura do arcanjo são Miguel lutando contra um dragão.

Mas voltando aos dramas práticos da economia: a resposta ao desafio da "crônica escassez de moeda", notadamente no reinado de Elisabeth, foi

As moedas medievais não mudavam de estampa conforme o rei, como, por exemplo, o *groat* de prata de Ricardo III (1). Com Henrique VII (2) adotou-se o uso do perfil do rei, como no *groat* de prata. Henrique VIII (3), que foi quem mais maltratou a moeda inglesa, e também quem mais figurou em estampas. Eduardo VI (4) aparecia no *shilling* de prata e em outras moedas, Maria e Felipe (5), no *shilling* de prata. Elisabeth I (6) figurava na coroa de prata, e Jaime I (7) em uma coroa de prata, ou *shilling*.

um extraordinário crescimento das relações de crédito/débito interpessoal, acarretando novas formas de subjetividade que o teatro viria a capturar.[13] E de formas novas de negociabilidade e compensação de dívidas das quais resultou uma importantíssima inovação financeira, a *inland bill of exchange*, que permitiu o crescimento da economia "sem uma expansão proporcional na cunhagem de moedas" (*coinage*, no original).[14]

Na verdade, esse caos monetário era uma das primeiras e mais interessantes aparições de um drama que se desdobraria ainda por alguns séculos à frente, a saber, o anacronismo de se basear o suprimento de liquidez de uma economia em crescimento em metais preciosos, produtos da mineração ou da pilhagem. Surgiam portanto da necessidade, especialmente aguda naquele momento, a inovação redentora, o crédito e também, embora com menos destaque, a moeda fiduciária, simbólica, representacional, cuja existência se dava como liberalidade nos *tokens* privados usados no comércio e também, de forma muito mais ampla, nas moedas de troco utilizadas por toda a Europa.[15] É nesse contexto que deve ser considerada a passagem de Craig Muldrew:

> O que existia era uma economia de crédito na qual tudo era medido em preços monetários, mas em que a moeda não era o meio primário de pagamento. Ouro e prata não eram a água em que flutuava a nau da economia; eram a âncora que mantinha o navio no lugar em um mar de crédito, mas uma âncora que se tornava crescentemente corrompida pelas correntes da mudança econômica.[16]

É preciso lembrar que ainda estávamos a um século de distância de John Law, e que a inovação no terreno da moeda propriamente dita ainda estava restrita à discussão do troco, importante para os pobres. Todavia, naquele momento, as mudanças acima delineadas já eram revolucionárias o suficiente, e a experiência subjetiva que provocaram foi distintamente captada, fosse na temática de peças como *O mercador de Veneza*, *Tímon de Atenas* e *Medida por medida*, fosse na linguagem shakespeariana de forma mais geral.

Há muito que trabalhar no terreno dos paralelismos entre linguagem e economia, palavras e moedas, teatro e mercado. Por ora, resta enfatizar o registro de que o "legado linguístico" de Shakespeare, como explica Crystal, teria como evidência não tanto a "sua cunhagem de novas palavras", ou, no original, "*his coining of new words*", mas principalmente, e muito mais importante que a quantidade, "o modo como ele as utilizou"; ou, ainda, que "a economia de expressão, sempre o resultado de uma troca entre o léxico e a gramática, é o principal traço da criatividade de Shakespeare".[17] Como diz Vivian Thomas, "de todos os elementos que compõem o ... seu mosaico dramático, talvez o mais extraordinário seja ... a escolha de palavras. Frequentemente inventadas ou derivadas do latim, são transmutadas para criar uma *cunhagem verbal*".[18]

É interessante notar que a palavra em inglês para a criação de palavras é *coinage*,[19] que usamos em português, nessa acepção, quase sempre na forma verbal – "cunhar palavras", que mantém, embora mais distante, a alusão a moedas metálicas, também "cunhadas", e cujo correspondente em inglês, todavia, é o verbo *to mint*. Não utilizamos o verbo ou o neologismo "moedar" ou "amoedar" palavras, como seria uma tradução ao pé da letra, de vezo joyceano, e talvez mais fiel (pois a tradução direta de *coin* é moeda metálica). As *coinages* estão em toda parte na obra de Shakespeare. De *Hamlet*, peça repleta delas, vale destacar uma fala aparentemente sem importância da rainha Gertrudes, numa cena em seu quarto, onde Hamlet vê o espectro do pai, que ela não vê:

> This is the very coinage of your brain.
> (*Hamlet*, Ato III cena IV 156)

A tradução dificilmente capturaria as nuances monetárias deste comentário:

> Isso é fruto, somente, de teu cérebro.
> (Tradução de Carlos Alberto Nunes)
> Essa é uma criação do teu espírito.
> (Tradução de Anna Amélia Q. Carneiro de Mendonça, revista por Barbara Heliodora)

Mas todas elas bem descrevem o que Shakespeare fazia com as palavras! De acordo com Sandra Fischer:

> Palavras espirituosas, ou *bon mots*, são cunhadas nas prensas do cérebro [*coined in the mint of the brain*] e guardadas no orçamento ou no tesouro [*exchequer*]; elas são prateadas, douradas e trazem lucro quando usadas, trocadas. Alguém sem a riqueza de espírito [*the currency of wit*] está na bancarrota, tendo gastado suas palavras prodigamente.[20]

De forma análoga, Barbara Heliodora observa:

> Shakespeare, ... ao fazer um uso ótimo daquela nova língua que mudava e que se enriquecia a cada dia, constitui o melhor dos exemplos para a ilustração do fato de que toda ação dramática, todo personagem que participa desta, não passa de um produto da capacidade do autor de manipular palavras.[21]

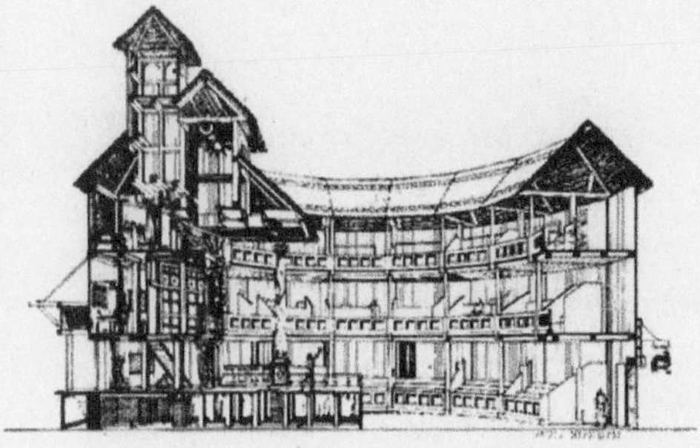

3. Há economia em Shakespeare?

Talvez em resposta aos delírios acerca da autoria das peças, ou em virtude da lei dos rendimentos marginais decrescentes, ou ainda por conta de tendências mais gerais da produção acadêmica no terceiro quartel do século XX, o fato é que parece haver uma significativa e rápida mudança de direção nos estudos shakespearianos: "A influência indireta das ideias dos historiadores da Escola dos Anais na França, assim como do trabalho dos novos críticos historicistas americanos e dos materialistas culturais britânicos, entre outros, ampliou o território dos estudos renascentistas."[1] O efeitos desses novos ventos acadêmicos foi o de produzir um grande volume de pesquisa primária sobre a vida social e econômica na época em que viveu Shakespeare, de tal sorte a tornar necessário "atualizar" as biografias. Isso significou levar o bardo de volta à sua época, em esplêndidas reconstituições, mais humanizado e vulnerável às questões políticas e econômicas de seu tempo, e portanto sujeito às perguntas habituais sobre como o artista pagava suas contas – cujas respostas podem trazer novas luzes sobre a obra.

Há considerável variedade de tratamentos e temas nessas novas abordagens, o que parece gerar certo desconforto, a julgar pela observação de Stanley Wells:

> Mais para o final do século [XX], na crítica e no teatro, um Shakespeare alternativo, iconoclasta, subversivo, emergiu, muito incentivado pela explosão de atividade acadêmica e pelo desenvolvimento de uma variedade de abordagens teóricas, cada uma com sua própria terminologia que, com frequência, parece mais preocupada em obscurecer do que

> aclarar significados, ou ao menos destinada apenas à comunicação entre bandos selecionados de devotos da mesma fé.[2]

Está bem longe dos propósitos deste ensaio a ideia de se aproximar de tais querelas. Vale apenas tomar proveito do fato de que foi produzido muito material a partir de pesquisa primária em estudos literários ou, por assim dizer, na interseção entre história econômica e da literatura, sobre temas econômicos relacionados ou tratados especificamente por Shakespeare. Exemplos disso seriam a disseminação de crédito, endividamento, moeda fiduciária e inovações financeiras e institucionais, seus efeitos econômicos, jurídicos e no imaginário de uma sociedade em transformação; o crescimento das cidades, consumismo, urbanização e formação de um mercado de massa; o empreendedorismo (*venture capital*), mecenato, o negócio do teatro, indústria editorial, a "revolução dos preços", dentre outros. Esses são os temas revolucionários de uma época extraordinária, a exercer notável influência sobre a cultura em geral e a literatura em particular.

Existem algumas boas coletâneas[3] de estudos que assumem expressamente o encargo de definir uma nova tendência de crítica literária de natureza "historicista", que "anda em paralelo a um movimento na economia que usou métodos literários e retóricos para revelar as metáforas e ficções ocultas da disciplina".[4] Não é de surpreender a conclusão, sobre a época de Shakespeare, de Linda Woodbridge, editora de uma dessas coletâneas, segundo a qual "dinheiro e mentalidade comercial abundam na literatura desse período".[5]

Mas a concentração de trabalho empírico nesses temas está a cerca de meio século *à frente* de Henry Walcott Farnam (1853-1933), o qual, tampouco – ainda mais considerando as cautelas com que se cerca na produção de seu estudo – pode ser tomado como precursor dessa ampla e heterogênea família de estudos. São bem modestos os propósitos do encantador ensaio que o leitor terá diante de si em mais um instante, e que trata dos temas econômicos encontrados na obra e pertinentes à vida de Shakespeare, escrito e publicado em 1931, logo antes da morte de seu autor, aos 80 anos, em 1933.

Henry Walcott Farnam não é um economista conhecido, a despeito de ter sido presidente da prestigiosa Associação Americana de Economia em 1911. Seu nome é muito familiar em Yale, pois foi lá que trabalhou

Henry Walcott Farnam (1853-1933), professor de economia em Yale, New Haven.

durante muitos anos. Mas é para homenagear seu pai, o magnata das ferrovias e benfeitor da universidade, Henry Farnam (1803-83), que Yale tem o "Farnam Hall" e também a "Farnam House" entre os prédios mais centrais e importantes do campus. Farnam, o economista, alcançou alguma notoriedade por conta de seu envolvimento no debate sobre a "Lei Seca"; foi um dos mais preeminentes "proibicionistas", com Irwing Fischer. Nesse ponto o leitor há de permitir uma indulgência adicional (além daquela diante do respeito demonstrado pela "teoria oxfordiana") para com suas observações no Capítulo 7 sobre o modo como Shakespeare "apreendeu claramente os males econômicos e sociais do álcool, que levaram em tempos recentes à restrição do tráfico de bebidas nos Estados Unidos". É uma notável exceção a seu próprio argumento contra leituras de cunho ideológico, segundo o qual, com as falas de personagens de Shakespeare, "podemos montar um bom argumento para qualquer teoria".

Não obstante esse ponto de atenção, os cuidados de Farnam, o "mero" economista, como se descreve adiante, ao invadir o sagrado território shakespeariano, são imensos e justificados, e é preciso, de nossa parte, redobrá-los ainda com maior ênfase. Conforme o registro da recente e polêmica biografia de Katherine Duncan-Jones, "três tópicos eram considerados tradicionalmente tabu ... na biografia shakespeariana: classe social, sexo e dinheiro".[6] Porém, por mais polêmico que seja o terceiro desses tabus, e aqui não iremos tratar dos dois primeiros, vamos iniciar nossa defesa com o precioso auxílio de Samuel Johnson, "o maior dos intérpretes".[7]

Se Shakespeare é "o poeta que oferece a seus leitores um reflexo fiel dos costumes e da vida, [s]endo seus personagens ... a genuína progênie da humanidade",[8] segue-se uma pergunta muito simples: como imaginar que as aflições ligadas à vida material, que ocupam tanto do tempo e da energia de cada um de nós, a começar pelo próprio Shakespeare, não estariam presentes na obra central da literatura universal? E se é verdade que Shakespeare era um autor *popular*, no sentido de que escrevia para um "mercado de massa" e se preocupava em "encher a casa", como imaginar que essa motivação não viesse a interferir no texto, na produção e nos enredos? Será possível que desígnios tão pequenos, quanto o de agradar audiências (imperativos de mercado) e o desejo de enriquecimento, pudessem ter influenciado uma obra tão transcendental?

É curioso que, dentre os editores de Shakespeare no século XVII, tenha sido Alexander Pope – cujo trabalho de 1725 é descrito como "o de um poeta, e não o de um filólogo especializado ou de um estudioso shakespeariano dedicado"[9] – aquele que atinou e se incomodou com as motivações materiais do bardo, como adiante nos mostrará Keynes. Seria natural encontrar esta tensão em Samuel Johnson, contemporâneo e conhecido de Adam Smith, que, na mesma época, se preparava para escrever *A riqueza das nações*, o livro que marcaria a fundação da economia em 1776. Pode ser que Smith tenha lhe contado sobre a "economia política". Porém, lamentavelmente, nada sobre a nova disciplina aparece em edições do dicionário posteriores a 1776, que seguem definindo "economista" como "alguém que é frugal", e "economia" como algo relacionado a "economizar".

Consta que Adam Smith tinha opiniões "ousadas" sobre literatura e personagens literários. Admirava os escritos políticos de Samuel Jonhson e, sobre seu famoso prefácio a Shakespeare, disse que era "a peça de crítica mais *viril* jamais publicada em qualquer país". Outras indicações, porém, são no sentido de que os dois grandes homens não se davam.* Na verdade, temos aí um encontro que não houve, uma antipatia pessoal, recíproca, que, se podemos especular, talvez tenha

* Sobre Samuel Johnson, Smith teria contado a um amigo: "Já vi este ser dar um pulo no meio de várias visitas; e, sem nenhuma notícia prévia, cair de joelhos atrás de uma cadeira, repetir o Padre-Nosso e voltar a seu lugar na mesa. Ele exibiu essa excentricidade repetidamente, talvez cinco ou seis vezes durante uma noite. Não é hipocrisia, mas maluquice." *Cf.* Ross, 1999, p.446.

Dois dos maiores editores de Shakespeare. À ESQUERDA: Samuel Johnson (1709-84), escritor, crítico e lexicógrafo. À DIREITA: Alexander Pope (1688-1744), um dos melhores poetas ingleses.

atrasado ou mesmo comprometido definitivamente qualquer aproximação entre os estudos shakespearianos e a economia.

Um século e meio depois, ao publicar seu livro, Farnam observa cauteloso que, salvo engano, ninguém antes dele tinha se dedicado a procurar temas econômicos em Shakespeare. Farnam não reparou no artigo de Charles Stanton Devas (1848-1906), para a *Dublin Review* de 1887. Apesar do sugestivo título "Shakespeare as an economist", limitava-se a uma diatribe em torno de ataques vindos do campo socialista, semelhantes a outros como o perpetrado por Tolstói – adiante discutido por Farnam –, e como o de George Bernard Shaw, por outro ângulo, desancando o que chamaria de "bardolatria". Porém, a defesa intransigente de Shakespeare, definido por Devas como "economista católico", construída a partir do que seus personagens revelam sobre os valores familiares, a apreciação dos pobres e a condenação da usura, parece tão vaporosa quanto o ataque. Como encontrar a voz do autor, para não falar de sua fé, e suas supostas "mensagens" numa galeria tão ampla de enredos e personagens? Farnam se ocupa longamente de Shaw e Tolstói e de formas que reforçam a impressão de que Devas não era uma omissão relevante, de tal sorte a invalidar o pleito de pioneirismo de Farnam quanto aos assuntos econômicos em Shakespeare até aquele momento.

Nos anos que se seguiram, todavia, há vários registros a fazer, e dois dos mais importantes estudos sobre economia em Shakespeare – de Sandra Fischer, de 1985, e de Vivian Thomas, de 2008 – são glossários. No segundo, a autora se compraz, na Introdução, ao afirmar: "O que faz o estudo de 'Shakespeare o economista' tão recompensador é *a clareza conceitual que ele exibe em todas as coisas econômicas* e também a pouco observada presença desses conceitos nos relacionamentos humanos, sociais e culturais que ocupam seu trabalho dramático e não dramático."[10]

Em outro estudo, também no campo do "novo historicismo", Melissa Aaron vai além. Ao examinar *este* Shakespeare economista e seu envolvimento na Chamberlain's Men, enxerga

> um de uma companhia de homens de negócio, sempre obcecado com o *bottom line,* complacente ou nervoso conforme permitissem as circunstâncias econômicas, reutilizando textos e figurino sempre que possível, interessado em política apenas na medida em que vendesse um produto, e desavergonhadamente alcovitando uma audiência caprichosa.[11]

Parece, portanto, haver bastante economia em Shakespeare, bem mais do que Farnam pôde revelar quando escreveu sobre isso.

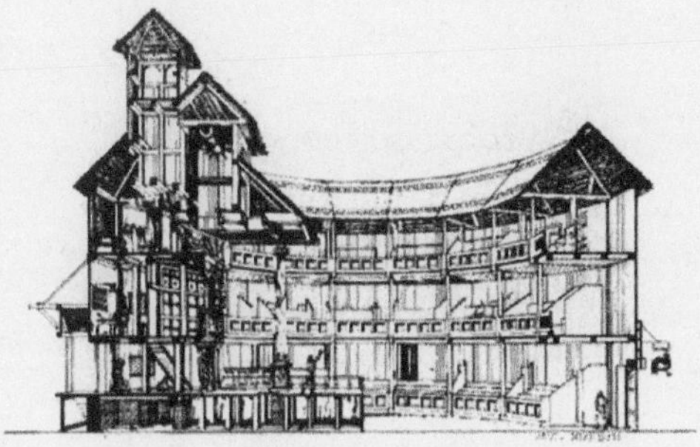

4. O APOGEU ELISABETANO: TEATRO E MERCADO

Ao escrever o Prefácio para seu livro em 1931, Farnam parece não ter visto um breve mas importante comentário de John Maynard Keynes sobre Shakespeare em *Treatise on Money*, publicado no ano anterior. O comentário, transcrito a seguir, serve como interessante ponto de partida para uma análise sobre o modo como as condições da vida material na época elisabetana afetaram a vida e a obra de Shakespeare. Sua mensagem provocativamente determinística foi acolhida com carinho e repetidamente usada como epígrafe anos depois, em alguns estudos shakespearianos produzidos no contexto do chamado "novo historicismo", por Douglas Bruster, Melissa Aaron e Vivian Thomas, por exemplo.

Keynes, no segundo volume de seu tratado, no qual cuida de "exemplos históricos" de suas novas ideias sobre moedas e bancos, debruça-se sobre o trabalho pioneiro de Earl J. Hamilton, que tinha publicado diversos artigos inovadores, baseados em extensa e impressionante pesquisa em fontes primárias, sobre os efeitos econômicos da descoberta de metais preciosos no Novo Mundo, notadamente sobre a Espanha. Hamilton ainda não tinha consolidado esses achados em seu livro clássico, que somente seria publicado em 1934, definindo mais precisamente o que ficou conhecido na historiografia como "a revolução dos preços". Mas Keynes viu-se fascinado com a tese de que uma "inflação de lucros", ou uma "expansão monetária", oriunda em última instância dos metais do Novo Mundo, teria provocado uma redistribuição de renda contra a aristocracia rural e a favor da burguesia comercial emergente, de modo a impulsionar grandes mudanças na raiz do progresso econômico inglês na segunda metade do século XVI. Nesse cenário histórico de grande prosperidade e de transformações, diz ele: "Estávamos exatamente em condições econômicas de sustentar Shakespeare no momento em que ele se apresentou!"* E em nota de rodapé:

> Shakespeare, como Newton e Darwin, morreu rico. Nos seus últimos anos, de acordo com a tradição, "ele gastou na proporção de mil por ano" – o que era uma vida abastada no começo do século XVII. Mas se [Alexander] Pope estava certo em dizer que Shakespeare: "*For gain, not glory wing'd his roving flight /And grew immortal in his own despight*", ["Pois ganho, e não glória, deu asas a seu voo errante /E ele se tornou imortal contra sua própria vontade], a fase mais ativa de sua carreira ocorreu na melhor das ocasiões, quando qualquer pessoa sensível e ambiciosa na Inglaterra, disposta a ganhar dinheiro, dificilmente deixaria de fazê-lo. O período 1575-1620 foi uma época gloriosa de ganhos – um dos mais extraordinários episódios de progresso** jamais observados até os dias correntes nos Estados Unidos (com alguns anos ruins, por certo, em razão de safras, peste, crises e perspectivas de guerra, 1587, 1596, 1603) –, Shakespeare tinha 11 anos em 1575 e morreu em 1616. Eu ofereço como tese para o exame daqueles que gostam de generalizações brutais a ideia segundo a qual de longe a maior proporção dos grandes escritores e artistas desse mundo floresceram numa atmosfera de prosperidade, entusiasmo e liberdade diante de necessidades econômicas sentidas pelas classes dominantes, o que é engendrado pelas inflações de lucros.[1]

A observação de Keynes possui ao menos dois andares de provocação, e assim, há ao menos dois tipos de intromissão de economistas na cidadela shakespeariana. A primeira, um determinismo econômico que, se não fosse um exercício de aguda ironia à moda de Bloomsbury, soaria quase tão impertinente quanto o que caracteriza a crítica literária marxista mais vulgar. O leitor não deve se assustar com esse "materialismo keynesiano", pois ninguém poderia estar mais distante de

---

* No original: "*We were just in a financial position to afford Shakespeare at the moment when he presented himself!*"

** No original: "*bull*" *movements*.

Marx;[2] na verdade, Keynes é um apoio inestimável para os que buscam estabelecer a relevância do entorno econômico e das considerações materiais na vida dos gênios da literatura universal, mas sem que isso represente qualquer forma de adesão a esquematismos, qualquer que seja a sua extração.[3] Na verdade, é dificilmente imaginável que Keynes pudesse divergir da observação de Barbara Heliodora a propósito dos limites para determinismos quando o assunto é Shakespeare:

> A trajetória de Shakespeare só se torna inadmissível ou incompreensível para os que não acreditam no imponderável do gênio, nem, por outro lado, na identificação de todos os gênios com a época que os produz. Se o indivíduo fosse única e exclusivamente produto do meio, naturalmente a época elisabetana, por exemplo, teria fornecido à humanidade não um, mas dúzias de William Shakespeare.[4]

A segunda intromissão tem a ver com os interesses materiais do homem. Os versos de Alexander Pope já citados – trecho de "Imitations of Horace", um de seus poemas satíricos mais famosos – tornaram-se uma espécie de senha para os que enxergam em Shakespeare um autor que não fazia própria ou unicamente "arte pela arte". Mas nesse movediço terreno das supostas motivações do bardo só é possível especular – o que é mais prudente de se fazer após algumas doses de fatos objetivos sobre a economia naqueles tempos e o teatro elisabetano e as finanças pessoais de Shakespeare em particular.

Sim, a Inglaterra vivia um momento de rápidas e profundas transformações econômicas. Embora isso pudesse ser dito quase sem exceção sobre as épocas que se seguiram, este não era o caso dos oito ou dez séculos *anteriores* nas Ilhas Britânicas, para as quais não era muito próprio falar de "Renascimento", como se dizia para certas regiões da Europa continental. Era mais como um "nascimento".

Algo realmente muito novo tinha lugar na Inglaterra, e talvez seja tão esquemático e reducionista encaixar essas mudanças no figurino marxista da transição do feudalismo para o capitalismo quanto imaginar que o desenvolvimento econômico inglês teve como origem o "impulso monetário" determinado em última instância pelos metais preciosos vindos do Novo Mundo. Estruturalismo *versus* monetarismo, esse mesmo fastio, esse mesmo empate ideológico insolúvel faz aqui mais uma de suas incontáveis aparições. Independentemente das bandeiras empunhadas e dos modelos analíticos usados nesse tópico, o fato é que, no decorrer do tempo, a historiografia deu muitos passos adiante, em especial em relação ao fenômeno conhecido como "revolução dos preços", termo que se aplica tanto à inflação efetivamente observada no período 1520-1650 quanto ao progresso material e às transformações econômicas e institucionais observadas nesses anos.[5]

Coube à literatura que seguiu o trabalho pioneiro de Hamilton, cujo propósito certamente não era o de proporcionar uma "tese monetarista" sobre o desenvolvimento inglês, a tarefa de documentar a importância de outros fenômenos. Inclusive fenômenos monetários, como os episódios de *debasement* acima aludidos, em particular sob Henrique VIII e Eduardo VI, e também, e sobretudo, o crescimento populacional, do comércio exterior, da produtividade notadamente na agricultura, sede de muitas mudanças descritas amiúde como "revolucionárias". Além de uma "revolução financeira" de amplas implicações no domínio das finanças públicas e da expansão do crédito, que incorporava conceitos modernos no tocante à propriedade, sua transferibilidade, bem como o reconhecimento e negociabilidade de dívidas e créditos, sobretudo através das letras de câmbio, e quanto à cobrança de juros.

O termo "revolução" de fato era encontrado em todas as narrativas sobre os fenômenos econômicos daquele tempo. De acordo com um relato arquetípico: "Nesse processo de transformação, as estruturas econômicas e sociais, a totalidade de um sistema de valores e um modo de vida foram sacudidos. Tudo se torna fluido; tensões sociais se sucederam com inacreditável velocidade, uma após a outra, indivíduos situados 'acima' e 'abaixo' na hierarquia social trocam de lugares rapidamente."[6] A tensão própria dos surtos de progresso e "destruição criadora" não invalida nem diminui os efeitos do enorme avanço em matéria de progresso material, mais claramente captado na historiografia econômica. Como observa Herridge:

> Sabemos que o povo inglês em geral, incluindo trabalhadores assalariados, tiveram melhor alimentação, bebida, vestuário, mobiliário e habita-

ção do que em qualquer época no passado, e também pôde se aproveitar de algumas extravagâncias menores como o tabaco, doces e frutas secas. Esse aumento nos salários reais ocorreu em consequência de melhorias e inovações na agricultura, na indústria extrativa e processadora e nas manufaturas, bem como nas práticas comerciais e financeiras.[7]

Claro que houve ciclos econômicos, pragas, safras que se perderam, e a década de 1590 parece ter sido repleta de tais eventos, a ponto de ser tomada como uma época de "crise contida"[8] e de rendas muito baixas, pobreza ampla e disseminada,[9] inflação, que alguns confusamente entendem como "alta", e mesmo ensejando exóticas comparações com a hiperinflação alemã,[10] em que "os ricos se tornam mais ricos, ... os pobres ficam mais pobres".[11] O capitalismo nascente já trazia todas as velhas histórias, as mesmas acusações e vaticínios de catástrofe que os séculos seguintes viriam a elaborar com impressionante continuidade, sem vestígio algum de fadiga, mesmo diante do fabuloso progresso material observado desde os tempos de Shakespeare. Claro que a época elisabetana foi de progresso sem paralelo, como de resto tem sido o avanço do mundo capitalista desde então, sempre "a destruição criadora", o progresso sempre descrito em tons de tragédia.

Dentre as transformações que tiveram lugar, cabe destacar a extraordinária explosão no crédito e, mais genericamente, a formação de um mercado de massa. Talvez nada mais eloquente como indicação desses fenômenos que os extraordinários indicadores para a atividade do teatro. Estimativas de Andrew Gurr[12] para os anos entre 1560 e 1642, quando os teatros foram fechados por determinação do governo puritano de Oliver Cromwell, dão conta de que bem mais de 50 milhões de pessoas visitaram casas de espetáculos em Londres. Extraordinários 50 milhões! O leitor deve lembrar que a Inglaterra possuía 4,8 milhões de habitantes em 1600, sendo que Londres, a maior cidade, não tinha mais que 250 mil. É bem possível que em nenhuma outra época, exceto talvez na Grécia Antiga, o teatro tenha tido tanto público e desfrutado de tamanha centralidade na vida cultural de um país. Diz Bryson: "O teatro nunca mais exerceria apelo a um espectro tão vasto da sociedade, nem seria um passatempo tão universal."[13]

As casas de espetáculos foram construídas em rápida sucessão ao longo desse período. A primeira a merecer por inteiro a designação de teatro, por delegação propriamente autoconferida, foi o Theatre, construído em 1576, logo seguido do Curtain, de 1577, bem a seu lado, ambos controlados por James Burbage (c.1531-97), ator empresário, e dono da companhia que admitiu Shakespeare como sócio. Em 1587, Philip Henslowe (1555-1616), o mais famoso dos empresários desse ramo, com interesses que se estendiam dos espetáculos com animais aos bordéis, passando pela agiotagem,[14] construiu o Rose, na margem sul do Tâmisa, em 1587. O Swan foi erguido em 1595 por Francis Langley (1547-1602) para competir com o Rose na mesma vizinhança.

O Blackfriars, que inicialmente (desde 1576) era um espaço num mosteiro usado para apresentações de companhias infantis, foi adquirido por James Burbage em 1597, com o intuito de convertê-lo em um teatro fechado, mas enfrentou dificuldades com os vizinhos e manteve o espaço ocupado pelas crianças. Em 1608, finalmente, os dois herdeiros de Burbage formaram um sindicato, do qual Shakespeare fazia parte, para operar o Blackfriars no mesmo sistema usado para o do Globe. Este, o mais célebre de todos os teatros, foi construído ao lado do Rose, em 1599, a partir do desmonte do Theatre, mercê de uma divergência insolúvel em torno da renovação do aluguel do terreno. Num episódio heroico da história do teatro elisabetano, os membros da companhia de teatro – Chamberlain's Men – que trabalhavam regularmente no Theatre, envolveram-se pessoalmente na operação de desmontá-lo, peça por peça, levando todos os materiais para um novo terreno, ao lado do Rose, e supervisionando a construção do Globe. Como relata James Shapiro: "O Globe foi o primeiro teatro em Londres construído por atores para atores, e Shakespeare e seus colegas atores-acionistas teriam trabalhado diretamente com [Peter] Street [o empreiteiro] no planejamento e execução, especialmente das decisões de último instante sobre a *tiring house* e o palco."*

* Shapiro, 2005, p.116. O espaço designado como *tiring house* corresponde ao local onde os atores fazem pausas antes de retornar à cena, frequentemente trocando de figurino e recebendo instruções sobre o texto.

No verão de 1599, o Globe começou a funcionar, estreando com *Júlio César*, de William Shakespeare, ou talvez *Henrique V*.* Como assinala Bryson, "nenhum teatro – talvez nenhum empreendimento humano – viu maior glória em apenas uma década e pouco que o Globe".[15] A concorrência, leia-se Philip Henslowe, reagiu com ampliações no Rose e a construção do Fortune, em 1600, e do Hope, uma arena com múltiplos propósitos em 1613, quando o Globe foi destruído por um incêndio, para reabrir no ano seguinte.

O Boar's Head, de 1601, e o Red Bull, em 1604-06, eram dois exemplos de *innyards*** convertidos em sala de espetáculo, o primeiro com investimento de Francis Langley. Em 1616 Christopher Beeston (c.1580-c.1639) construiu o Cockpit, também conhecido como Phoenix, com vistas a competir com o Blackfriars no segmento de teatros fechados mais caros. Em 1621 o Fortune seria destruído por um incêndio e a seguir reconstruído; e em 1629 o Salisbury teria sido o 17º "palco ou sala de espetáculo comum" que apareceu em Londres e seus subúrbios nos últimos 70 anos.[16]

Em cada um desses espaços a capacidade ia de 400 a 800 espectadores para os teatros fechados e de mil a 3 mil lugares nos recintos abertos. Apenas uma dessas casas, a mais famosa, o Globe, podia receber mais de 3 mil pessoas – uma vez e meia toda a população de Stratford! – e funcionava algo em torno de 220 dias por ano. Numa cidade de 250 mil habitantes, portanto, uma única "casa cheia" para ver uma peça de William Shakespeare, Christopher Marlowe, Ben Jonson, Thomas Heywood, Thomas Dekker ou qualquer dos grandes autores dos *blockbusters* da ocasião – e aqui o termo se aplica com muita

* Não se sabe ao certo. Há o relato de um turista que viu *Júlio César* no Globe em setembro, mas a referência no prólogo de *Henrique V* ao "*wooden o*" fornece uma forte indicação de que esta peça de grande apelo popular tinha sido escrita para um teatro ainda em obras.

** Muitas construções da ocasião tinham pátios internos onde se guardavam cavalos e carruagens, num espaço cercado por edificações. Essas áreas eram muito propícias à representação, e muitas carroças serviram de palco antes de o apogeu do teatro elisabetano permitir a construção de espaços específicos para a prática do teatro. Sobre a origem do palco elisabetano, *cf.* Heliodora, 2008, p.65-79.

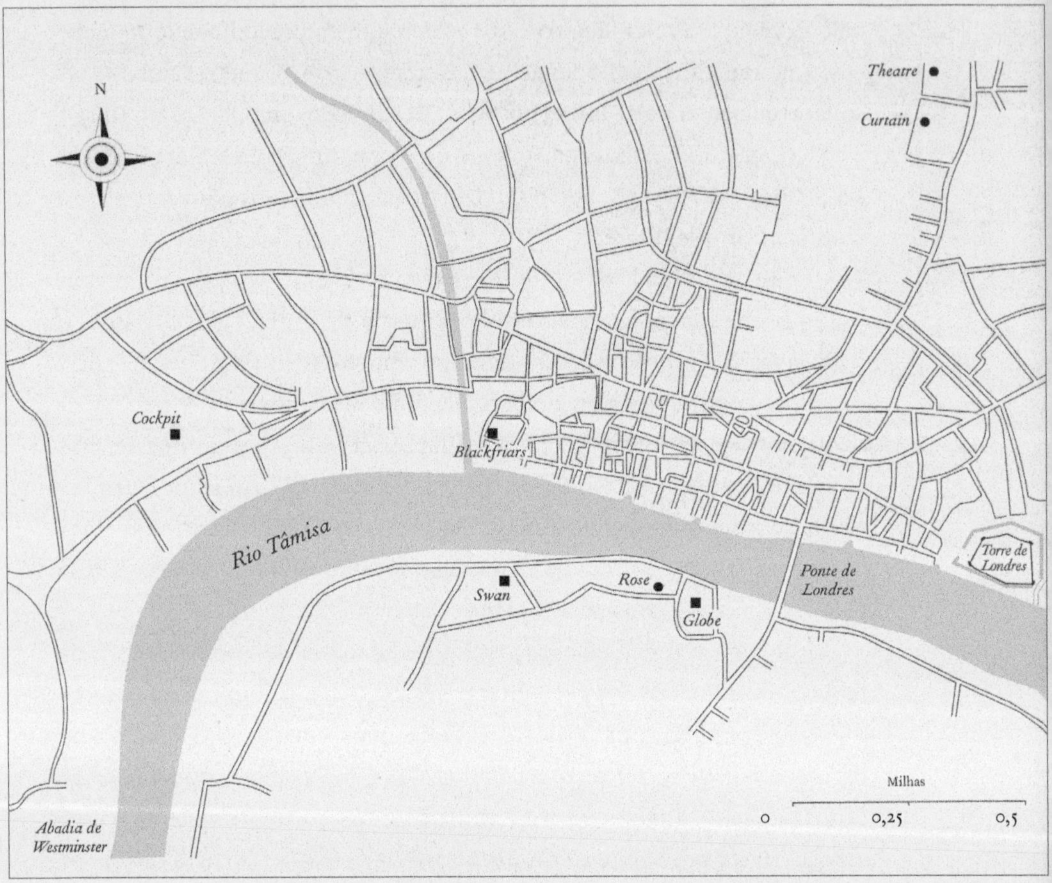

Os teatros em funcionamento em Londres no final do século XVII.

O Globe, teatro construído pela companhia Chamberlain's Men,
a casa de Shakespeare, palco das maiores glórias da dramaturgia elisabetana.

propriedade – podia reunir quase 2% da cidade em um único espaço. É como, numa cidade de 8 milhões de habitantes, estarem 183 mil em um estádio de futebol, como foi o caso do jogo entre Brasil e Paraguai em 1969, pelas eliminatórias da Copa do Mundo, no Maracanã.

E eram vários teatros! Fica bem possível imaginar que 30 mil pessoas, ou seja, algo entre 15% e 20% da população da cidade, fossem ao teatro em um único fim de semana. Na época não havia museus, concertos, eventos esportivos, jornais, revistas, de tal sorte a tornar o teatro "a caixa mágica onde se podia ouvir histórias sobre aventuras, descobertas, lugares remotos, que atendiam a uma sede imensa de informações de toda natureza".[17] A concorrer com o teatro havia apenas os espetáculos de crianças, corais e peças açucaradas; e, no outro extremo, o *bear-baiting*, atividade na qual um urso acorrentado era perseguido por cachorros ferozes, e as rinhas de galo.

Claro que o teatro, nessa escala espetacular e inusitada, representava um novo fenômeno social, bem além das preocupações das autoridades, por conta da magnitude da aglomeração e seu inédito potencial de tumulto. A ressonância social do teatro, multiplicada de forma avassaladora pela maciça presença do público, multidão de proporções inéditas ordenada por uma nova sociabilidade que as autoridades mal começavam a compreender, era inquietante em seus aspectos de controle social, e fascinante pela explosão de subjetividade que acabou ensejando. É possível que a mobilização de público que o teatro veio a conseguir naquela extraordinária época jamais encontre paralelo, o que, pelas vias onde trafegou o raciocínio de Keynes, talvez possa explicar este apogeu também no tocante ao conteúdo: a pujança dessa indústria *produziu* um Shakespeare, como também, e evidentemente, o inverso.

A afirmação do teatro como uma instituição da paisagem urbana londrina, nova e gigantesca, refletia ou reproduzia – mais que coincidia com – outro desenvolvimento institucional também revolucionário e aparentado, o do mercado, fosse como *locus* estabelecido e organizado para trocas econômicas, informação e sociabilidade, fosse como subjetividade ordenadora da vida econômica. Alguns dos marcos evolutivos do teatro e do mercado revelam um instigante paralelismo.

Sir Thomas Gresham (1519-79), o famoso financista da rainha, começou em 1565-67 a construção do que viria a ser a Royal Exchange:

Londres no final do século XVII, vista do sul, com destaque para a ponte de Londres, única na época. As bandeiras na margem sul assinalam as casas de espetáculo: Globe, Rose e Swan.

um recinto amplo destinado a tornar-se ponto de encontro permanente de comerciantes e mercadores. Tal como uma feira de negócios para mercadorias e câmbio, a Royal Exchange deu início às suas atividades mais ou menos ao mesmo tempo em que o Red Lion Inn evoluiu de um espaço improvisado nos átrios das hospedarias para se tornar uma casa de espetáculo e diversão conduzida por atores profissionais. As semelhanças arquitetônicas entre os teatros, os *innyards* e a Exchange não escaparam a muitos observadores.

Significativamente, a fundação da Royal Exchange forneceu o cenário para a peça de Thomas Heywood, *If You Know Not Me, You Know Nobody part 2*, de 1605. Em 1599, quando o Theatre foi desmontado para ser reconstruído como o Globe, a casa da companhia Chamberlain's Men, da qual Shakespeare era acionista e que em tudo se assemelhava a uma moderna *partnership*, como adiante veremos em detalhe, foi também o ano em que a rainha Elisabeth I assinou os documentos de autorização da Companhia das Índias Ocidentais, também uma *partnership* de responsabilidade limitada, com seus 57 sócios. Era organização pioneira na ocasião e um marco importantíssimo na evolução institucional do capitalismo moderno.

Na primavera de 1609, lord Robert Cecil (c.1563-1612), o ministro tesoureiro da rainha, fundou a New Exchange, depois conhecida como Britain's Bourse, uma espécie de *shopping center* para a clientela opulenta. O evento teve a presença dos Chamberlain's Men, na ocasião já renomeados King's Men, que

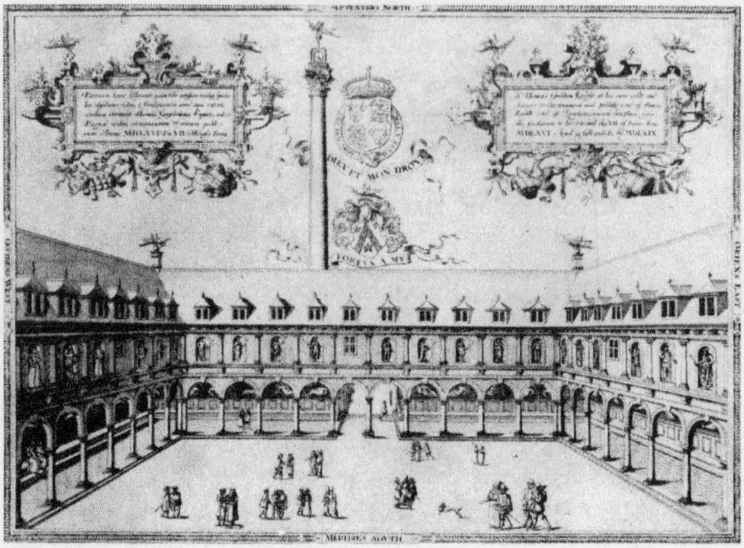

Royal Exchange, fundada por Thomas Gresham, local destinado a abrigar negócios e mercadores, à semelhança da bolsa de Amsterdam.

naquele momento adquiriam o Blackfriars, um teatro fechado e de melhor qualidade, funcionando durante todo o ano e com ingressos bem mais caros. Foi um momento de "*aventuras coletivas e institucionalizadas*", como descreveu Duncan-Jones.[18]

Douglas Bruster alinha esses exemplos "na crença de que eles vêm não como eventos aleatórios ou coincidentes, mas como partes de uma trajetória histórica de maior escopo: *o amanhecer, em Londres, do capitalismo institucionalizado*".[19] Thomas Dekker (c.1572-1632), um dos mais destacados dramaturgos da ocasião, fez registro semelhante: "O teatro é a Royal Exchange de seus poetas, no âmbito do qual suas Musas, agora transformadas em mercadores, se encontram e trocam entre si a leve mercadoria das palavras por alguma outra ainda mais leve que as palavras, aplausos e o bafejo deste grande monstro [o público]."[20] Nesse mesmo sentido, acrescenta Vivian Thomas:

> Na medida em que o mercado ganhava preeminência na vida cotidiana, insinuava-se também nos modos de pensar. *Mercado e teatro se tornaram conceitualmente e mesmo literalmente simbióticos*. O teatro devia sua existência ao mercado; sua mercadoria elaborada e que fazia expandir as mentes dramatizava o gênio

do mercado, seu caráter transmutativo, a troca revelava uma capacidade geradora pela qual tudo e todos se transformam.[21]

Os teatros abertos eram gigantescos espaços de entretenimento, em conexão com o comércio local, e, como sempre se enfatiza, com as tabernas e bordéis, uma "persistente representação dos mercados ... [q]ue revela a natureza impessoal das relações de mercado na sua forma mais bruta", ou "um microcosmo das estruturas financeiras do mundo".[22] Isso era sempre lembrado pelos puritanos, pois "o desenvolvimento comercial da dramaturgia era mais um sinal de que o mundo regulado pela liturgia estava sendo suplantado por outro, mais preocupado com capital e trabalho";[23] ou pelos críticos às motivações materiais do teatro; ou quando Shakespeare tratava do amor com a linguagem do comércio.

É comum também a percepção do teatro como "mercado em miniatura", ou como "laboratório de novas relações sociais", "centros de criação e consumo de um produto estético", ou "lugares onde se podia comprar fantasia",[24] e localizado em espaços "fronteiriços", geograficamente (e subjetivamente, em alguma medida) situados fora dos muros da cidade ou nos espaços conhecidos como *liberties*.

É fácil, mas desnecessário, romancear aqui: o ponto era escapar ao domínio das guildas e de regulações muito estritas da parte das autoridades responsáveis pela cidade, ambas bastante hostis *a priori* a qualquer forma de empreendimento muito inovador. As *liberties*, nelas incluídas as áreas exteriores aos muros da cidade, eram o destino natural dos milhares de estrangeiros chegados a Londres de todos os cantos e que se viam compelidos a ali se estabelecer de modo a evitar o longo tempo de *aprendizado* requerido para a entrada nas guildas, bem como as dificuldades para o estabelecimento de qualquer novo negócio.

As *liberties* foram descritas como "zonas de empreendimento",* onde "o negócio do teatro representava uma das poucas avenidas abertas a um elisabetano de meios modestos para a livre-iniciativa",[25] um negócio "profano" apenas (bordéis à parte) porque competia com as igrejas por público e *funding*, sendo esta seguramente a base das objeções religiosas, especial-

* No original: "*enterprise zones*." Aaron, 2005, p.32.

mente dos puritanos, ao espantoso mas irrefreável crescimento do teatro. A igreja, o comércio e o teatro conviviam harmonicamente, puritanos à parte, a julgar pelo que se passava na catedral de São Paulo, no interior da qual havia um espaço amplo para o comércio – em especial de livros – e era também um lugar habitual para espetáculos das companhias de crianças. O Blackfriars, a despeito de estar dentro dos muros da cidade, também era uma *liberty*, ou seja, estava fora da jurisdição do condado por conta de suas conexões com a igreja.

Nas *liberties*, além dos teatros, ficavam os hospícios e as prisões. Conforme lembra Linda Woodbridge, também nessa mesma vizinhança, quem caminhasse pela ponte de Londres na direção sul, virasse à esquerda ao cruzar o rio e seguisse pela Barnes Street, ia ter em uma casa onde John Mellis manteve durante quase meio século uma escola de contabilidade. No mesmo ano em que *The Spanish Tragedy* atraía multidões para o Rose, à direita da ponte, em 1588, Mellis reeditava a tradução em inglês do famoso tratado do frade Luca Pacioli. A vizinhança dos bordéis estaria marcando o teatro, diziam os moralistas; será que o mesmo poderia ser dito da vizinhança da contabilidade?[26]

O fato é que, como nota Woodbridge, no final do século XVI, Londres assistia a uma explosão de interesse e de publicações de natureza comercial e quantitativa, na esteira de desenvolvimentos revolucionários na astronomia, navegação e outros campos da ciência e do comércio. Era uma sociedade cujos horizontes se ampliavam em todas as direções conhecidas e também em diversas direções novas. As "transições" tinham inúmeros eixos: "Do status para o contrato, do sagrado para o secular, da atribuição para a realização, do finito ao aberto, do fixo ao contingente, do uso à troca, da pilhagem ao lucro, do feudal ao capitalista."[27] E talvez apenas o teatro fosse capaz de catalisar todo esse enriquecimento a que esteve sujeito o imaginário da Inglaterra elisabetana. Conforme observa Vivian Thomas:

> Shakespeare ilumina um universo social impregnado, ou mesmo infectado, pelo espírito do cálculo. Apreciação, avaliação, medida, contrapeso se mostram conceitos essenciais para relações e compromissos humanos. Frequentemente a linguagem do mercado colore o discurso de modo a projetar uma luz oblíqua sobre uma relação ou subverte uma conexão

romântica. ... Em outras ocasiões, quando a linguagem do mercado é apropriada pelos amantes, a potência verbal e conceitual da esfera comercial confere vitalidade e articulação ao amor.[28]

E mais, segundo Frederick Turner:

Shakespeare foi a figura-chave na criação de um sistema de significados, valores e regras implícitas próprio para a Renascença que em última instância fez crescer os mercados mundiais modernos, e ainda o sustentam. Usando as definições poéticas e dramáticas de Shakespeare para [i]númeras palavras, ... mercadores de língua inglesa transformaram o planeta e fizeram a linguagem de uma pequena, fria e úmida ilha a *língua franca* do mundo.*

* Turner, 1997, p.1. Trata-se, aqui, de palavras com sentido econômico inventado por Shakespeare como: *bond, trust, good, commerce, market, save, value, means, redeem, dear, interest, honor, company, worth, thrift, use, will, partner, deed, fair, owe, ought, treasure, risk, royalty, fortune, venture, grace*, entre muitas outras.

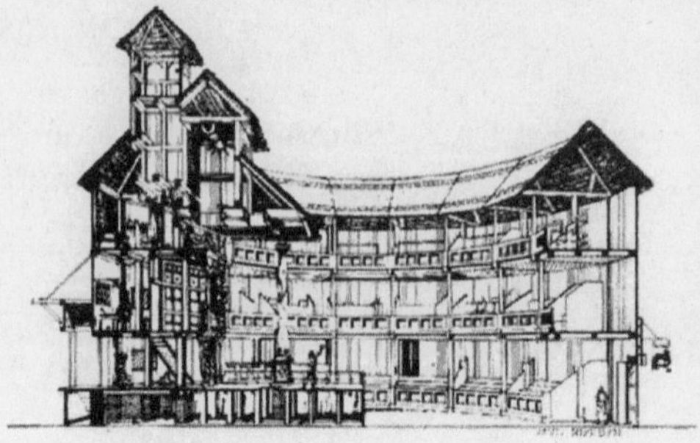

5. O PATRONATO E O SUCESSO DE PÚBLICO

A localização nas *liberties*, todavia, de modo algum significava liberdade total, especialmente para uma atividade de tamanha repercussão como vinha se revelando o teatro, muito longe disso. O controle do governo sobre a atividade teatral era absolutamente total, a começar pela censura. Na verdade, observada a letra da lei, toda e qualquer atividade teatral destinava-se *exclusivamente ao entretenimento da corte*, sendo que quaisquer outras apresentações precisavam ter autorização.

Nesse contexto, e muito em sintonia com as práticas da ocasião, havia um monopólio para a provisão do serviço de entretenimento da corte, vendido pela rainha a um nobre que exercia a função de Master of the Revels (Mestre das Diversões), como foi o caso de sir Edmond Tilney, de 1579 a 1610. Todos os textos de todas as peças precisavam de permissão para serem encenados, pela qual o Master of the Revels cobrava uma taxa e exercia diligente e rigorosamente o papel de censor.

Em 1597, na esteira da censura da peça *Isle of Dogs*, pela qual Ben Jonson passou uma temporada na cadeia, o Privy Council, o poderoso conselho que representava a rainha em assuntos de políticas públicas, proibiu o funcionamento de todas as companhias de teatro, exceto aquelas patrocinadas expressamente por nobres. O Lord Chamberlain e o Lord Admiral,* dois mem-

* Tal como no caso do Master of the Revels, esses títulos correspondiam a funções que foram exercidas por diferentes indivíduos no decorrer do tempo. Lord Chamberlain era o lord camerlengo, o responsável pela hospedagem nas dependências

bros desse conselho, eram patronos de companhias teatrais – Chamberlain's Men e Admiral's Men – que, em boa medida por conta desses dispositivos, funcionaram praticamente como num duopólio durante muitos anos. Outra ordem, de 1598, determinava que todos os atores que não pertencessem a companhias com patronos nobres e reconhecidos fossem tratados como "desocupados, vagabundos e mendigos".

É curioso que fosse no tocante à regulação do pujante teatro elisabetano, que cresceu com a energia de um Shakespeare e com uma popularidade sem precedente, que o governo tivesse de lidar atabalhoadamente com dilemas regulatórios que se repetiriam de forma monótona nos séculos seguintes. Tudo era proibido, e quase tudo era tolerado em "caráter precário" e estava sujeito aos humores cambiantes das autoridades. Parecia haver aí um "jeitinho elisabetano" de se aplicar uma regulação excessivamente pesada, que deixava a maior parte da atividade teatral na "rua", fora da cidade, como nesse caso, em oposição à "casa", para usar as categorias criadas por Roberto da Matta, produzindo uma "dualidade" entre o "oficial" e o "mercado".

De quando em quando, as coisas que prosperavam na liberdade do mercado eram trazidas com honras para o mundo oficial. Tanto mais local, quanto mais universal! Um dos temas de *Medida por medida* é exatamente um soberano, o Duque, apanhado na teia da regulação excessiva que ele próprio se empenhou em criar. Ele se afasta do poder e deixa Ângelo, o puritano, em seu lugar, com vistas a restaurar uma observância mais estrita das leis, mas também para, próximo ao povo, melhor entendê-las. Ângelo ataca os bordéis, mostra-se implacável com qualquer transgressão e, ao final, diante de uma divergência sobre dote, condena os noivos à morte, face à legislação que proíbe a prostituição, em vez da simples solução de determinar seu casamento. É quando o Duque retorna para evitar a tragédia e "tempera a justiça com misericórdia",[1] esta a palavra-chave para contornar a inflexibilidade dos regulamentos,

---

da corte, a organização de viagens e recepção de visitantes ilustres. A função foi exercida por Henry Carey, lord Hunsdon, a partir de 1585, e depois de 1597 por seu filho George. A função de Lord Admiral, cujos termos de referência têm a ver, por óbvio, com a Marinha, foi exercida, a partir de 1585, por Charles Howard, segundo lord Effingham.

esta a graça que "desce dos céus como uma chuva fina", que "guarnece o monarca melhor que uma coroa", no dizer de Pórcia, diante de uma corte de justiça em *O mercador de Veneza* (Ato IV cena I 182-7).

O poder absoluto requer misericórdia, atalhos para o bom-senso que a regulação excessiva raramente permite. Em *Medida por medida*, na Viena atulhada de bordéis, como na Londres elisabetana cercada pelas *liberties*, há, como observa Carpeaux, "um eterno conflito da vida pública, o choque inevitável entre a ordem jurídica do Estado e a ordem vital da sexualidade. O símbolo dramático deste choque é uma lei impossível, inaplicável, mesmo no estado de um déspota oriental".[2]

Esse assunto vai longe, e não é nossa intenção estender o argumento, exceto para refletir sobre o que a situação revela a respeito da efetiva importância do apadrinhamento oficial naqueles anos turbulentos. É evidente que, no contexto da Inglaterra absolutista, no reinado de Elisabeth I, o patronato de um nobre ou da própria coroa era elemento fundamental para salvaguardar, no plano político e regulatório, a integridade operacional das atividades de uma companhia de teatro. Do ponto de vista econômico, todavia, a situação era bem outra.

Os patronos não davam contribuições regulares às companhias e apenas as remuneravam quando elas lhes faziam espetáculos privados. De outro lado, os patronos não tomavam qualquer percentual das receitas das companhias teatrais. A corte efetivamente convocava as companhias a fim de encenar espetáculos para si, mas o pagamento não era especialmente bom. Os registros dão conta de algo como 10 libras por apresentação. Melissa Aaron registra, por exemplo, seis apresentações feitas para a corte durante o ano de 1600; é menos claro o percentual que isso representava do conjunto de receitas da Chamberlain's Men, mas, a julgar pelos números cuidadosamente estimados por Andrew Gurr e reproduzidos na Tabela 1 adiante, estamos falando de algo em torno de 2,5% em média para 1594-1615.

Com a morte da rainha Elisabeth I em 1603, o rei Jaime I, que a sucedeu, tomou a si o patronato da companhia, que passou a chamar-se King's Men. Isso teve implicações favoráveis para a companhia, fosse quanto ao número de apresentações, 14 por ano em média nos 13 anos que se seguiram, fosse no tocante aos cachês para as apresentações durante as viagens, as quais, todavia, apenas ocorriam quando os teatros eram

A rainha Elisabeth I (1533-1603) reinou por 40 anos. Filha de Henrique VIII e Ana Bolena, foi a última monarca da dinastia Tudor.

Jaime I (1566-1625) reinou sobre a Escócia a partir de 1567 e sobre toda a Inglaterra de 1603 a 1625.

Henry Wriothesley, conde de Southampton (1573-1624), a quem Shakespeare dedicou dois de seus mais importantes poemas, em termos carinhosos.

fechados por conta da peste. As viagens eram bem menos rentáveis que as apresentações regulares, e nem de longe os pagamentos que o rei passou a fazer nos intervalos de fechamento dos teatros compensavam o prejuízo.

Pode-se concluir, portanto, que as receitas diretamente derivadas de apresentações para o rei, ou decorrentes de seu apadrinhamento, representavam um percentual muito pequeno do total, de tal sorte a deixar bem claro que o modelo de negócio da companhia tinha como prioridade o público e a bilheteria. Como observa Melissa Aaron,[3] "estamos lidando, em 1600, com um negócio que dependia principalmente de popularidade junto às massas e vendas em grande escala". Não deve haver qualquer sombra de dúvida de que o teatro elisabetano era um *negócio*, primordialmente um negócio. Como observa James Forse:

> A glória do teatro elisabetano pode ter sido um produto do espírito do capitalismo elisabetano tanto quanto de seus méritos artísticos. Cada um entre virtualmente todos os aspectos da atividade teatral foi moldado de acordo com as demandas do lucro e da administração do negócio. Ao atinar para o mercado potencial de sua mercadoria em Londres, e liberar-se dos limites impostos pelo apadrinhamento de nobres – exatamente como empresários na agricultura livraram-se do "manorialismo" e como os comerciantes livraram-se das guildas –, empresários do teatro como James Burbage e Phillip Henslowe lançaram mão dos métodos e valores próprios de sua origem de classe média comercial para a criação de um negócio inteiramente novo, o negócio do teatro.[4]

Shakespeare, portanto, não foi um produto da benemerência de nobres esclarecidos, nem de políticas de incentivo, tampouco teve de ser sustentado por sinecuras e favores oferecidos por soberanos. Ressalvada a sua relação com Henry Wriothesley, o terceiro conde de Southampton, a quem dedicou poemas de forma muito acalorada, tanto quanto a discussão sobre o inteiro significado do relacionamento, Shakespeare foi, sem lugar a dúvida, um gênio que fez fortuna a partir de seu sucesso junto ao público. Um público constituído pela prosperidade econômica, e pelo magnífico produto oferecido pelo teatro elisabetano, no contexto de um mercado de massa que permitiu a organização do teatro como um dos mais prósperos e inovadores negócios do amanhecer do capitalismo.

6. Teatro, mercadores e *venture capital*

O teatro, hoje como naquela ocasião, está longe de ser uma experiência solitária de leitura, como a literatura, nem mesmo apenas uma experiência de audição; o teatro é um *espetáculo*, em que há figurino, fantasia, cenário, iluminação, música, dança, efeitos especiais, além de alimentação e bebida, diversões paralelas, bem como a experiência da sociabilidade que apenas os grandes espetáculos são capazes de proporcionar. Se assim é, ou era, conforme observa Melissa Aaron, o teatro deve ser visto como empreendimento coletivo sobremodo afetado por considerações materiais:

> Se uma peça é primariamente uma ou diversas performances, e apenas secundariamente a experiência de leitura, então as condições materiais da performance e seu mercado teatral são tão parte da peça quanto o texto escrito. Portanto [s]e postula a natureza colaborativa do teatro: autoria conjunta, no sentido da concepção e execução. Como as peças são mercadorias encenáveis num mercado consumidor, dependem de figurinos caros, trabalho qualificado de ... atores (incluindo o próprio Shakespeare) e recursos dos teatros, Globe e Blackfriars, tanto quanto do texto. Sem esses elementos a peça não existiria como tal, de sorte que a produção dessas peças deve ser vista como uma forma alternativa de "autoria" colaborativa, material e criativa.[1]

O teatro, naqueles tempos como hoje, era uma experiência completa de entretenimento, que exigia uma infraestrutura cara e custos de produção tanto mais elevados quanto mais ambiciosos os desígnios artísticos, e que apenas poderiam se viabilizar se a atividade tivesse lugar como um negócio, numa escala relativamente grande, e com receitas grandes o suficiente para orçamentos cada vez maiores. E como qualquer empreendimento comercial em grande escala, havia muitos riscos empresariais, portanto a atividade dependia de "investimento e especulação", como relata Melissa Aaron

> O termo da época para "investidores" era "aventureiros" [*adventurers*]: aqueles que investiam no teatro não eram "aventureiros" exatamente da mesma forma que os que apoiavam as Companhias do Levante e das Índias Ocidentais, mas assumiam riscos financeiros muito semelhantes. O teatro londrino dependia de especulação e *venture capital* [no original]. Dependia também do acesso à liquidez, um mercado de grandes proporções, uma base econômica ampla e acima de tudo a vontade de gastar.[2]

A alusão a *venture capital* é preciosa; seu sentido, na ocasião, entretanto, estava muito ligado aos empreendimentos marítimos de sir Francis Drake (1540-96) e sir Walter Raleigh (1552?-1618). *Privateering* era a designação que se dava à atividade de ataque de navios privados a navios "inimigos", partilhando, em associação com a rainha, dos frutos da pilhagem. Essa atividade envolvia risco e era a província do empreendedor elisabetano, diz Leinwand: "*Venturing* devia estar relacionado a uma iniciativa difícil, não importa se um investimento em alto-mar, ou se *ações de um empreendimento teatral como o Blackfriars*."[3] Necessariamente tinha de envolver *partnerships*, como a dos 57 sócios da Companhia das Índias Ocidentais, a 200 libras por cabeça, ou a dos sócios do Globe, a 70 ou 80 libras para cada um.

Esta era a atividade de Antônio, o protagonista de *O mercador de Veneza*, cuja enigmática tristeza pode ser associada a uma dignificada ansiedade própria dos que correm riscos empresariais e possuem, como ele, navios em Trípoli, Índias, México e Inglaterra, embarcações que podiam chegar a seu destino com suas cargas valiosas, assim obtendo espetaculares taxas de retorno, como os 121% dos acionistas da Companhia das Índias Ocidentais. Ou podiam naufragar, como explicam Salério e Solânio em suas falas pinçadas por Farnam adiante. Isso é *venture capital*, o que *também* descreve o empréstimo que Antônio faz para Bassânio tentar

Dois dos mais famosos "empreendedores" de aventuras no mar.
À ESQUERDA: Sir Walter Raleigh (1552?-1618).
À DIREITA: Francis Drake (1540-96).

a sorte com os cofres de Pórcia,[4] e em caso de sucesso obter um casamento economicamente espetacular. Ou nada, se o cofre escolhido não fosse o premiado. Casamentos elisabetanos, de forma geral, também tinham o seu componente de *venture capital*.

Mas todo esse *venturing* estava em contradição com paradigmas da ocasião, sintetizados nos termos do financiamento do empreendimento de Bassânio junto a Shylock. Aí se chocam o novo e o velho, o empreendedor e o banqueiro, o capitalista e o usurário, o agnóstico e o religioso, o cristão e o judeu. É sempre e deliberadamente confundindo o sentido pessoal e o impessoal, emocional e financeiro, do *bond* – termo em inglês que compreende um sentido de contrato ou fiança, mas também a ligação especial entre pais e filhos, amigos e amantes, e também vassalos e seus amos – que une Shylock e Antônio, a saber a equivalência entre os 3.000 ducados emprestados sem juros e a "libra de carne" como multa pelo não pagamento. Está em jogo muito mais que uma discussão a respeito de conceitos novos e velhos sobre juros.[5]

A contradição vai ao tribunal, onde Shylock apresenta o que hoje descreveríamos como um "ato jurídico perfeito". Alega que, se é para penetrar no plano subjetivo em nome da misericórdia,

Montagem japonesa, de 1966, de *O mercador de Veneza*; na cena, Shylock quer retirar uma libra da carne de Antônio.

também é igualmente plausível fazê-lo para servir à vingança (Ato III cena I 56-7); que quebrar um contrato põe em risco a segurança jurídica da cidade (Ato IV cena I 38-9); e que, se a lei admite a escravidão, por que não poderia ser dono de uma libra de carne de Antônio (Ato IV cena I 90-100).

Shylock poderia ter saído vencedor não fora um estratagema jurídico engendrado pela própria Pórcia, disfarçada como jurista e agora *sócia* de Bassânio e Antônio, que "salva os empreendedores [*bails out the venturers*]", exatamente como Elisabeth fazia com seus galantes *privateerers*, também seus sócios em *venture capital*. Elisabeth, como Pórcia, era uma *Dea ex machina* que podia *legalizar* a violação de um direito, legitimar a pirataria, violentar um contrato em nome da misericórdia ou de qualquer outra boa causa, ou má. Uma nova ética se desenhava, própria dos primeiros anos do capitalismo (será que mudou?). No negócio de teatro, e no clássico episódio da construção do Globe em particular, examinado adiante, teríamos um bom exemplo de *venture capital* com todos esses elementos.

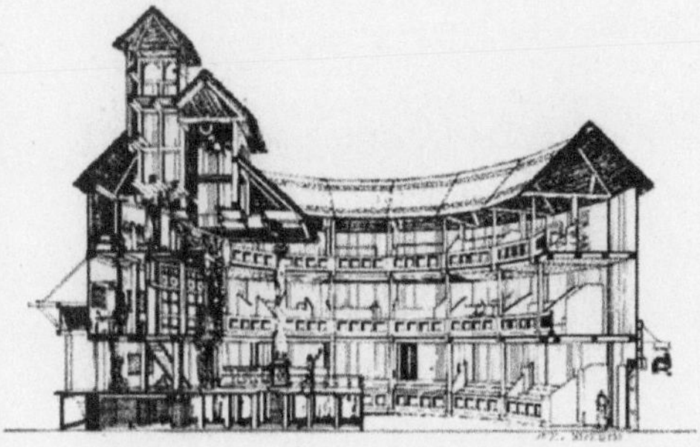

7. A ECONOMIA DO TEATRO

A relação entre o empreendimento e o entretenimento emerge, portanto, com muita clareza e evoca uma analogia contemporânea com o cinema, em especial quando se tem em conta a atenção dedicada, mesmo por diretores e atores, à "equação financeira" de determinada produção. Figuras modernas de produtores-diretores, comandando grandes equipes de gênios em diversas especialidades, bem distinguem a autoria "colaborativa" que caracteriza o teatro elisabetano, tal como nas grandes produções de Hollywood. Tom Stoppard disse em uma entrevista que Hollywood era o lugar onde o bardo deveria estar se vivesse em nossos dias.

Nessa linha, as companhias teatrais e as casas de espetáculo foram se adaptando, na plateia como no palco, a uma escala de atividade cada vez maior, estressando ao limite cada uma das capacidades artísticas, logísticas e econômicas desta cadeia produtiva. Num extremo, também os textos, claro, tinham de ser feitos para se enquadrar nos elencos das companhias, com a redação utilitária que pode ter o enredo de uma novela nos dias de hoje, as linhas adaptadas e as falas de impacto concedidas às estrelas, a duração ordenada pelo sucesso, o tamanho dos papéis ajustado à reação do público. Era preciso prender a atenção de 2 mil ou 3 mil espectadores durante um par de horas, com todos os recursos dramáticos e efeitos especiais que a época permitia. Da linguagem à escolha de personagens históricos, heróis e tiranos, ingleses e romanos, passando por todas as paixões, aventuras, traições, vinganças e atrocidades, a presença constante de bruxas e fantasmas, de vilões de inimaginável crueldade e de assassinatos em quantidades enormes, mutilações brutais, torturas, estrangulamentos.

Como em *Titus Andronicus* – a primeira e menos conhecida tragédia de Shakespeare, que por muito tempo foi considerada uma "excrescência do cânone"[1] –, em que o jovem autor procura caminhos parecidos com o famosíssimo *The Spanish Tragedy*, de Thomas Kyd (1558-94), o maior sucesso da época, e produz 35 cadáveres, sem contar soldados e personagens secundários, e uma cena grotesca de estupro após o qual a vítima, Lavínia, tem as mãos e a língua amputadas e permanece em cena gaguejando. Essas ações seriam até amenas comparadas às de Barrabás, o judeu de Malta, de Marlowe, outro grande sucesso de 1589, fartamente revivido depois de 1594, seguindo-se à execução por traição do médico da rainha, Rodrigo Lopez, judeu português, e da onda de antissemitismo que o episódio produziu.

Especula-se que *O mercador de Veneza* teria sido encomendado nesse contexto, porém, um Shakespeare mais maduro, já no pleno domínio de seu gênio, criou um Shylock infinitamente mais complexo, humanizado e fascinante do que Barrabás. Não obstante, o título da peça que constava em seu primeiro registro de 1598 não poderia ser mais "esquentado":

> A muito excelente história do *Mercador de Veneza*. Com a extrema crueldade de Shylock, o judeu, para com o dito mercador, cortando uma justa libra de carne: e a obtenção de Pórcia pela escolha de três arcas. Como tem sido várias vezes representada pelos Servos do Lord Camerlengo. Escrita por William Shakespeare. Em Londres. Impressa por J.R. [James Roberts] para Thomas Heyes e para ser vendida no adro da igreja de São Paulo, no sinal do Dragão Verde. 1600.[2]

A propaganda, não obstante a distância entre Barrabás e Shylock, talvez seja a mesma entre *Titus Andronicus* e as tragédias posteriores, *Lear*, *Macbeth*, *Hamlet*. O fato é que muitos cadáveres ociosos – mártires do teatro elisabetano – foram produzidos pelo desejo mórbido das multidões a lotar os teatros. De acordo com Jan Kott:

> O nascimento da tragédia elisabetana fora muito semelhante ao do cinema. Tudo o que estava à mão servia à tragédia. Os fatos e os crimes

> da vida cotidiana, episódios da história, lendas, a política e a filosofia. Tratava-se de uma crônica da atualidade e de uma crônica histórica. A tragédia elisabetana era voraz; não tendo regras, lançava-se sobre todos os assuntos. Da mesma forma que o filme, alimenta-se de crimes, da história e da observação brutal da vida. ... Os grandes elisabetanos lembram produtores cinematográficos interessados, em primeiro lugar, em um assunto capaz de agradar.[3]

Dentre outras imposições da economia há seguramente as relacionadas aos limites estabelecidos pelo tamanho do mercado, que ainda aguardariam um século pelo enunciado de Adam Smith, mas já eram sentidas na ocasião, e em nenhuma área mais claramente que no tocante ao repertório. Para mostrá-lo, os historiadores fazem uso de um documento essencial para a história do teatro elisabetano, o diário deixado por Philip Henslowe (m.1616), em que manteve registros detalhados de suas atividades como produtor e administrador de teatro, e também como investidor e agiota.

Através desse documento sabe-se que nos 31 meses até janeiro de 1597 os Admiral's Men fizeram 568 apresentações (219,8 por ano, portanto) de 63 peças diferentes. Dessas, 44 eram novas, introduzidas, na média, uma a cada três semanas. A mais popular (*The Wise Men of Westchester*, uma peça que se perdeu) foi encenada 30 vezes; a seguinte (*Fausto*, de Marlowe) 24 vezes. As peças bem-sucedidas, incluindo os outros velhos sucessos de Marlowe, foram encenadas entre 15 e 20 vezes, ao passo que, no extremo dos fracassos, cinco peças foram encenadas apenas uma vez, e três apenas duas vezes.[4]

Na média, portanto, os números indicam menos de dez apresentações para cada peça, o que significa que, para uma companhia como aquela, e como seguramente foi o caso da Chamberlain's Men – que se apresentava tão amiúde quanto Admiral's Men, ou seja, por volta de 220 vezes por ano – era preciso haver 22 peças/ano, dois terços das quais novas a cada ano, ou seja, algo como 15 peças. Nem Shakespeare tinha essa "produtividade", duas ou três peças por ano, num ano especialmente fértil. Tratando-se de partes componentes do centro estável do cânone ocidental, já era magnífico.

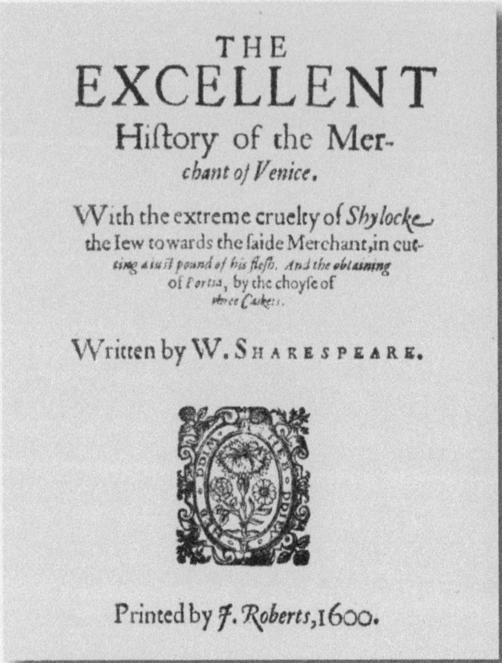

THE
EXCELLENT
Hiſtory of the Mer-
chant of Venice.

With the extreme cruelty of Shylocke
the Iew towards the ſaide Merchant, in cut-
ting a iust pound of his fleſh. And the obtaining
of Portia, by the choyſe of
three Caskets.

Written by W. Shakespeare.

Printed by J. Roberts, 1600.

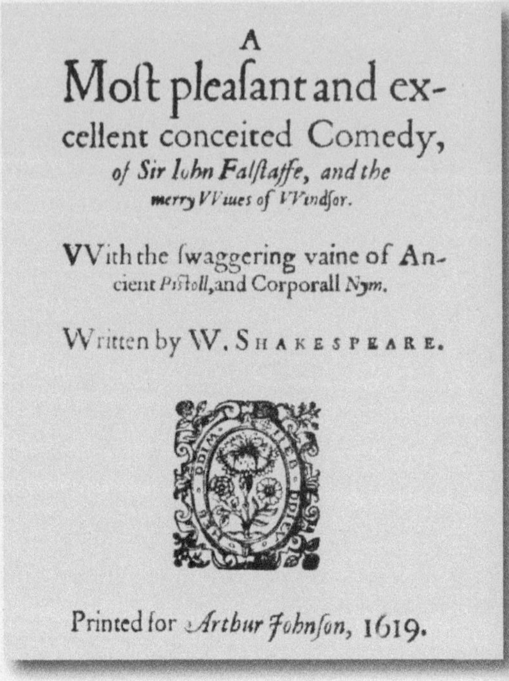

A
Moſt pleaſant and ex-
cellent conceited Comedy,
of Sir Iohn Falſtaffe, and the
merry VViues of VVindſor.

VVith the ſwaggering vaine of An-
cient Piſtoll, and Corporall Nym.

Written by W. Shakespeare.

Printed for Arthur Iohnſon, 1619.

Folhas de rosto dos libretos das peças *O mercador de Veneza* e *As alegres comadres de Windsor,* com destaque para os personagens carismáticos de Shylock e Falstaff, respectivamente.

Outros eram bem mais prolíficos: Thomas Dekker, por exemplo, teria feito 44 peças para Henslowe (das quais apenas seis sobreviveram) entre 1598 e 1602, o que, todavia, não o livrou de ser preso por dívidas não pagas em duas ocasiões. Thomas Heywood alega ter escrito ou colaborado em cerca de 200 peças, 20 das quais teriam sobrevivido.[5] "Apenas quando lembramos – diz Forse – que o teatro elisabetano era dominado por audiência de mercado de massa, e por atores cuja expectativa de renda estava diretamente associada a agradar a essas plateias, é que a extraordinária produtividade dos autores da parte final do século XVI se torna compreensível."[6] De toda maneira, das 3 mil peças que se estima terem sido escritas durante o período que vai da década de 1580 até o fechamento dos teatros em 1642, 80% são conhecidas apenas pelo título, e somente 230 sobreviveram, aí incluídas as 38 de Shakespeare.[7]

O fato é que uma peça como *Hamlet* ou como *Ricardo III*, as mais encenadas, talvez as mais representadas em todos os tempos neste planeta desde então, dificilmente seriam levadas ao palco

A

Midſommer nights dreame.

As it hath beene ſundry times publikely acted, by the Right Honourable, the Lord Chamberlaine his ſeruants.

VVritten by VVilliam Shakeſpeare.

Printed by Iames Roberts, 1600.

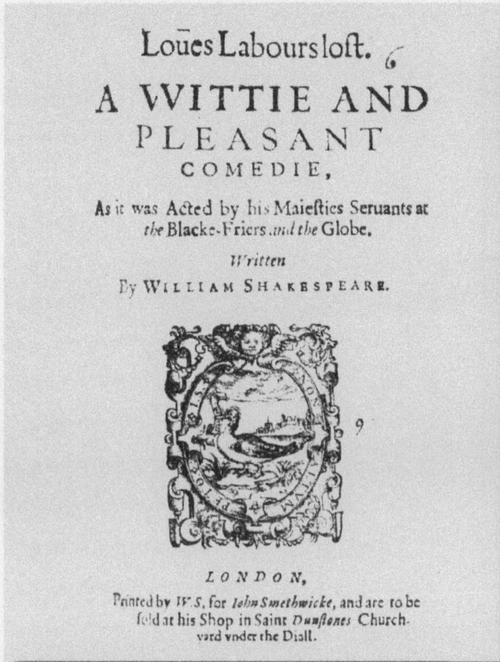

Loues Labours loſt.

A WITTIE AND PLEASANT COMEDIE,

As it was Acted by his Maieſties Seruants at the Blacke-Friers and the Globe.

Written By William Shakespeare.

LONDON,

Printed by W.S. for Iohn Smethwicke, and are to be ſold at his Shop in Saint Dunſtones Church-yard vnder the Diall.

Folhas de rosto dos libretos de Sonhos de uma noite de verão e Trabalho de amor perdidos.

muito mais de 20 vezes no mesmo ano,* num teatro de 3 mil lugares, numa cidade de 250 mil habitantes. Mesmo com uma taxa elevada de repetição no comparecimento do público, se era esse o ritmo, estamos entrando em métricas quase comparáveis às da audiência das novelas atuais: um terço ou 40% da população para uma produção de sucesso.

A remuneração de um autor estava longe de ser brilhante, como ainda é o caso infelizmente em nossos dias, mesmo para o gênio, e provavelmente por culpa do tamanho reduzido do mercado e do prolífico produtor de histórias de vinganças com muitos cadáveres, cujo impacto sobre o público era semelhante. Henslowe pagava algo entre 4 e 10 libras, sendo que o "normal" era 6 libras por peça, e fazia adiantamentos, barganhava, buscava o mais

* Bryson, 2004, p.81, afirma que a Chamberlain's Men encenava cinco peças diferentes a cada semana, e que raramente uma peça nova, mesmo quando bem-sucedida, era encenada mais de três vezes no mesmo mês.

barato e efetivo, pagando em parcelas e conforme o sucesso da peça, com frequência se indispondo com os poetas.[8] A 6 libras por peça, ou provavelmente 10 libras, William Shakespeare faria algo como o dobro ou triplo disso num ano especialmente produtivo se fosse viver exclusivamente do ofício de escrever.

Para que o leitor forme uma ideia de se isso era muito ou pouco, é bom começar tendo em mente que 15 libras era a remuneração *anual* de um artesão,[9] e 20 libras era o salário anual do diretor da escola onde Shakespeare estudou em Stratford.[10] É bom recordar também a aposta de *Shakespeare apaixonado*, no valor de 50 libras, o preço que o jovem ator e autor teria de pagar para fazer parte da Chamberlain's Men, ou seja, algo correspondente ao valor de oito peças pela "tabela" de Henslowe, e era mais ou menos isso o que Shakespeare já tinha produzido até 1593.

Isso apenas reforça a conjectura segundo a qual Shakespeare teria sido admitido na trupe sem o pagamento em dinheiro, mercê de algum acordo para que o seu *playbook* passasse a ser exclusividade da companhia. Claro que havia valor considerável em um *playbook*, pois permitia as performances ocasionais de peças conhecidas, importantes para manter a atividade. Nesse formato, as peças não eram *ainda* propriamente literatura. Como observa Andrew Gurr, "eram roteiros de trabalho antes de se tornarem textos escritos. Não são muitos os objetos na vanguarda da literatura tão dependentes de seu *background* para lhes dar forma e identidade".

As peças serviam para a composição do espetáculo, portanto não deveriam possuir outra divulgação que lhes subtraísse o interesse, e por isso mesmo os empresários e companhias que as adquiriam

> eram ativamente hostis à ideia de imprimi-las. Os atores estavam ali para oferecer entretenimento e ganhar dinheiro. Não havia razão para fazer durável o produto e registrá-lo para as futuras gerações. Assim as peças viviam em um meio tão efêmero quanto os sons pelos quais ganharam vida. Mesmo para os poetas, era entretenimento que estavam criando, não arte.[11]

Do ponto de vista do autor, vale observar que não havia ainda um mercado editorial que fizesse qualquer diferença econômica na vida do escritor, pois a língua estava se formando, e o percentual da população que efetivamente lia era pequeno. É verdade que a publicação de livros vinha crescendo com vigor – de 2.760 publicados entre 1558 e 1579 para 4.370 entre 1580 e 1603[12] – e que os livros forneciam temas e histórias para o teatro.[13] Mas ainda por muitos anos poetas e escritores dependeriam exclusivamente do mecenato, excetuados os que escreviam para o teatro, sozinhos ou em colaboração.[14]

Este era o meio de vida de Ben Jonson (1572-1637), o maior poeta lírico de seu tempo e o primeiro a publicar em 1616, em vida, suas obras completas, num "ato de autoconfiança sem precedente para um dramaturgo popular".[15] Shakespeare foi o segundo, depois de morto, em 1623, e em ambos os casos é possível afirmar que não houve propriamente motivação econômica na publicação, mas o desejo de preservar a obra de autores já consagrados e cujo trabalho era bem conhecido. Não havia expectativa de ganhar dinheiro com a venda de livros, especialmente se consideradas as cifras do negócio do teatro. Isso e a objeção da companhia explicam o desinteresse de Shakespeare em publicar suas peças. Mesmo para a poesia, a motivação parecia mais ligada ao cultivo de um mecenas do que qualquer outra.

Ben Jonson (1572-1637), um dos maiores dramaturgos de sua época; foi o primeiro a publicar suas obras completas em livro (*folio*).

Shakespeare, portanto, não vivia de escrever e não teria ficado rico se fosse apenas ator e autor. Mas essas capacidades foram essenciais para que viesse a pertencer à mais bem-sucedida companhia de teatro de sua época, e a partir daí os caminhos se abrissem para que se tornasse empresário e proprietário de teatros e participasse dos resultados econômicos de uma das mais prósperas atividades de seu tempo. Para se entender a resultante de tudo isso no tocante à renda de Shakespeare, é fundamental examinar os números da Tabela 1, construídos com bastante cautela por Andrew Gurr a partir das informações proporcionadas pelo diário de Henslowe sobre o modo de funcionar da Admiral's Men, a partir das quais se reconstitui por analogia o *modus operandi* da Chamberlain's Men.

A Chamberlain's Men era um pouco diferente das outras companhias, o talento de Shakespeare à parte, pelo relacionamento com os empresários donos do teatro. As companhias de atores, as trupes, eram *partnerships* fechadas com uma quantidade finita de ações distribuídas unitariamente entre um número limitado de atores, designados como *sharers*, entre 5 e 12, sendo que 8 era o número mais comum. As peças encenadas usavam pessoal assalariado, atores, figurantes e pessoal de apoio, tinham custos referentes a figurinos, cenários, salários, despesas para a aquisição de peças, quando compradas de autores externos, e iluminação, especialmente no Blackfriars, o teatro fechado onde se gastavam muitas velas.

A companhia pagava um "aluguel" aos donos do teatro, chamados de *housekeepers*, sob a forma de metade da bilheteria das galerias, sendo que no Globe toda a bilheteria do que se chamava de *yard*, ou *groundling* – o espaço no nível do solo, onde todos ficavam de pé e pagavam um *penny* para entrar, às vezes uma família inteira de mendigos –, ficava com os *sharers* da Chamberlain's Men. Como nesse caso muitos dos *housekeepers* também eram *sharers*, tudo se passava como nas *partnerships* financeiras de nossos dias, em que há ações de diferentes classes, ou regras diferenciadas para os "bônus" pagos aos profissionais e para os dividendos destinados aos acionistas: o investimento de capital era responsabilidade dos *housekeepers* que tinham de mobilizar recursos ou se endividar para construir e manter o teatro, que era operado pelos *sharers*, tal como prestadores de serviços, que tinham remuneração variável, observada alguma regra para a remuneração do capital. Mas como *housekeepers* e *sharers* se confundiam, todos corriam riscos e os compartilhavam, exatamente como em outras *ventures* da época, a exemplo da Companhia das Índias Ocidentais. O sistema aqui era *venture capital*.

Phillip Henslowe, o mais famoso dos empresários daquele tempo e principal concorrente da Chamberlain's Men operava com um sistema diferente: dividia a bilheteria com a Admiral's Men, a título de aluguel, mas não os resultados do "capital" ou do uso do teatro para outros fins. Henslowe era o paradigma do empresário, ou do capitalista do teatro, e a antítese do sistema colaborativo adotado pela Chamberlain's Men. Era mais caracteristicamente um *landlord* para a Admiral's Men e um agiota. Mantinha seus poetas em teias contínuas por endividamento via adiantamentos, transformando-os em *bond-slaves* – referência ao fato de que Henslowe escrevia *bonds* (aqui no sentido de fianças) para retirar seus poetas (por exemplo, Thomas Dekker, Henry Chettle, Henry Porter) da cadeia, onde acabavam presos por dívidas.[16]

A esse respeito, Douglas Bruster lembra "um velho ensaio historicista", de 1948, de título bastante sugestivo: "Is Shylock Phillip Henslowe?" Norman Natham, o autor, enxerga em Henslowe um antagonismo a Shakespeare, que diversas vezes teria "emprestado dinheiro grátis" e mais: "Henslowe emprestava dinheiro aos autores. Em retribuição tinham de compor peças para ele. Não seria isto, figurativamente, o mesmo que demandar uma libra de carne em troca de ser dispensado de pagar suas dívidas em dinheiro?"[17]

Talvez o fato de que o ator mais famoso e carismático da época, Edward Alleyn (1566-1626),* um dos Admiral's Men, fosse genro de Henslowe e herdeiro do teatro pudesse ter ajudado a manter as tensões entre Henslowe e a Admiral's Men em níveis administráveis. Mas em 1618 a companhia, usando o Fortune,** fez um acordo com Alleyn, já na qualidade de dono do teatro, para adotar o sistema corporativo do Globe.[18] Pena que o arranjo duraria pouco, pois o Fortune foi destruído por um incêndio em 1621 e teve de ser reconstruído com dinheiro de financistas. O incêndio do Globe, de 1613, ocorreu durante uma apresentação de *Henrique VIII* (um tiro de canhão teria atingido o teto de sapê), permitindo que a companhia salvasse todo o material que havia na *tiring house*, inclusive muitas peças de Shakespeare, e assim preservando ativos essenciais para a Chamberlain's Men. O incêndio

* Representado por Ben Affleck em *Shakespeare apaixonado*.

** Naquela altura, a Admiral's Men havia se modificado, mudado de patrono e chamava-se Elector Palantine's Men.

do Fortune, ao contrário, ocorreu durante a noite e destruiu todo o acervo de textos, figurinos e cenários, arruinando completamente a companhia.

No caso da Chamberlain's Men havia certo alinhamento de interesses natural, tendo em vista que um dos filhos de James Burbage, de nome Richard, acabou se tornando o principal ator da companhia, e, portanto, de pleno direito, um *sharer*. No entanto, as indicações são no sentido de que o episódio da construção do Globe em 1599 foi crucial para redefinir o relacionamento entre os irmãos Burbage, Richard e Culthbert (James, o pai, tinha morrido em 1597), e os membros da companhia.

Os Burbage estavam em sérias dificuldades financeiras, devendo licenças atrasadas ao Master of the Revels, que entrou com um processo contra eles em 1604, e principalmente a Giles Allen, o dono do terreno onde estava o Theatre, para quem deviam 30 libras de aluguéis atrasados e que, por bom motivo, não queria renovar-lhes o contrato e pretendia tomar-lhes o teatro. Novamente dívidas a assombrar os homens do teatro! É nesse contexto mais raso que deve ser vista a empreitada "heroica" de desmontar o Theatre para reconstruí-lo como o Globe, iniciativa que fez Giles Allen processar os Burbages e também Peter Street, o empreiteiro que comandou o desmonte e reconstrução.

A combinação que se estabeleceu entre os Burbages e a Chamberlain's Men foi a de que cinco dentre os *sharers* também se tornariam *housekeepers*, ou seja, seriam investidores na construção do novo teatro. A condição de *shaker* era claramente exclusiva para os homens de teatro, mas a *housekeeper*, especialmente depois desse arranjo, que era "único",[19] permitia que se confundissem os papéis de artistas e financistas. Na verdade, era exatamente isso que caracterizava o empreendimento como *venture capital*, no sentido em que o termo foi usado na seção anterior. Os cinco atores agora capitalistas eram: Augustine Phillips, John Henninges, Thomas Pope, Will Kempe, além de Shakespeare. Esses cinco dividiriam metade do investimento no teatro, e a outra metade caberia aos dois irmãos Burbage. Como os custos da construção do Globe foram estimados em 700 libras, isso representaria um investimento de 175 libras (25%) para cada um dos irmãos Burbage, e de 70 libras (10%) para cada um dos outros *housekeepers*. Todavia, como um deles, Will Kemp, decidiu se retirar do empreendimento, os quatro remanescentes dentre os *sharers* que também eram *housekeepers* dividiram o seu quinhão, de tal sorte que cada qual, entre eles Shakespeare, passou a ter 12,5% do novo empreendimento.

Dois dos maiores atores da época de Shakespeare. À esquerda: Richard Burbage (1567-1619) era filho de James Burbage (1531-97), um dos pioneiros na construção de teatros em Londres; Richard foi o principal ator da Chamberlain's Men. À direita: Edward Alleyn (1567-1619), um dos Admiral's Men.

Nada se sabe a respeito das razões de Kemp para recusar a oferta de se tornar *housekeeper* e de sua decisão de retirar-se da Chamberlain's Men. O fato é que esta é uma boa explicação para a "morte" de Falstaff, o popularíssimo personagem de *Henrique IV partes 1 e 2*, que aparece também em *As alegres comadres de Windsor*, segundo Rowe, para atender a um pedido específico da rainha, que queria ver Falstaff apaixonado. Falstaff, que teria ficado muito associado a Kempe, e a despeito de um compromisso em contrário ao final de *Henrique IV parte 2*, deixa de aparecer em *Henrique V*. As indicações são, portanto, no sentido de uma morte "fora do palco", decretada pelo autor em razão da partida do ator que lhe deu vida.

Se em 1593 era um enigma a origem das 50 libras para Shakespeare entrar para a Chamberlain's Men, seis anos depois, em contraste, parece haver pouca dúvida de que ele possuía os recursos, 80 libras, quem sabe mais que isso (há autores que falam em 100 libras), para fazer frente a seu quinhão na construção do Globe. Como indicação da prosperidade de Shakespeare, sabe-se que, em 1596, John Shakespeare renovou a solicitação, ao College of

Heralds, de um brasão de armas, e que isso acarretava uma série de despesas, incluindo taxas, permissões e também a aplicação do brasão em roupa e mobiliário. Não era um exercício de mera vaidade. O brasão ajudava consideravelmente o bem-sucedido homem do teatro a diminuir a distância social em relação à nobreza, o que lhe dava maior segurança econômica – afinal, sua atividade estava na fronteira da respeitabilidade. Não por outro motivo, vários de seus companheiros na Chamberlain's Men também fizeram a mesma solicitação.

Falstaff, um dos mais populares personagens de Shakespeare, presente em *Henrique IV, partes 1 e 2*, e também, a pedido da rainha Elisabeth, em *As Alegres comadres de Windsor*.

Com o brasão veio a aquisição de New Place, em 1597, a segunda maior residência de Stratford, por um valor que alguns estimam em 120 libras,[20] ao passo que outros, mais conservadores, calculam em 100 libras toda a despesa com o brasão e a nova casa,[21] e outros, ainda, em 60 libras o valor para New Place.[22] Bryson lembra também, recorrendo à autoridade de Schoenbaum, um dos biógrafos mais minuciosos e focados em questões documentais, que "esses valores eram quase sempre uma ficção criada para escapar de impostos, e que [p]odia haver um pagamento adicional não declarado em dinheiro".[23] Nada mais familiar.

A renda de Shakespeare decorrente de sua participação como *sharer* na Chamberlain's Men pode ser vista na Tabela 1 para o período 1594-97, anterior ao Globe. As estimativas são "bastante hipotéticas"[24] e devem servir apenas como indicação. Os valores são para um bom ano, definidos de modo conservador, mas ignorando o efeito do fechamento dos teatros em decorrência da peste. Os fechamentos ocorreram entre julho e outubro de 1596; de março de 1603 a abril de 1604; de outubro a dezembro de 1605; por breves períodos em 1606 e 1607; de julho de 1608 a dezembro de 1609; e por breves períodos em 1610, 1611, 1612 e 1613. Durante esses intervalos as receitas ficavam limitadas às viagens e apresentações na corte, portanto, era uma perda "quase completa", acompanhada de uma pequena economia de custos.[25] Para 1594-97 as estimativas seguem

Brasão de armas de Shakespeare, com destaque para o arpão (*spear*) que cruza o escudo.

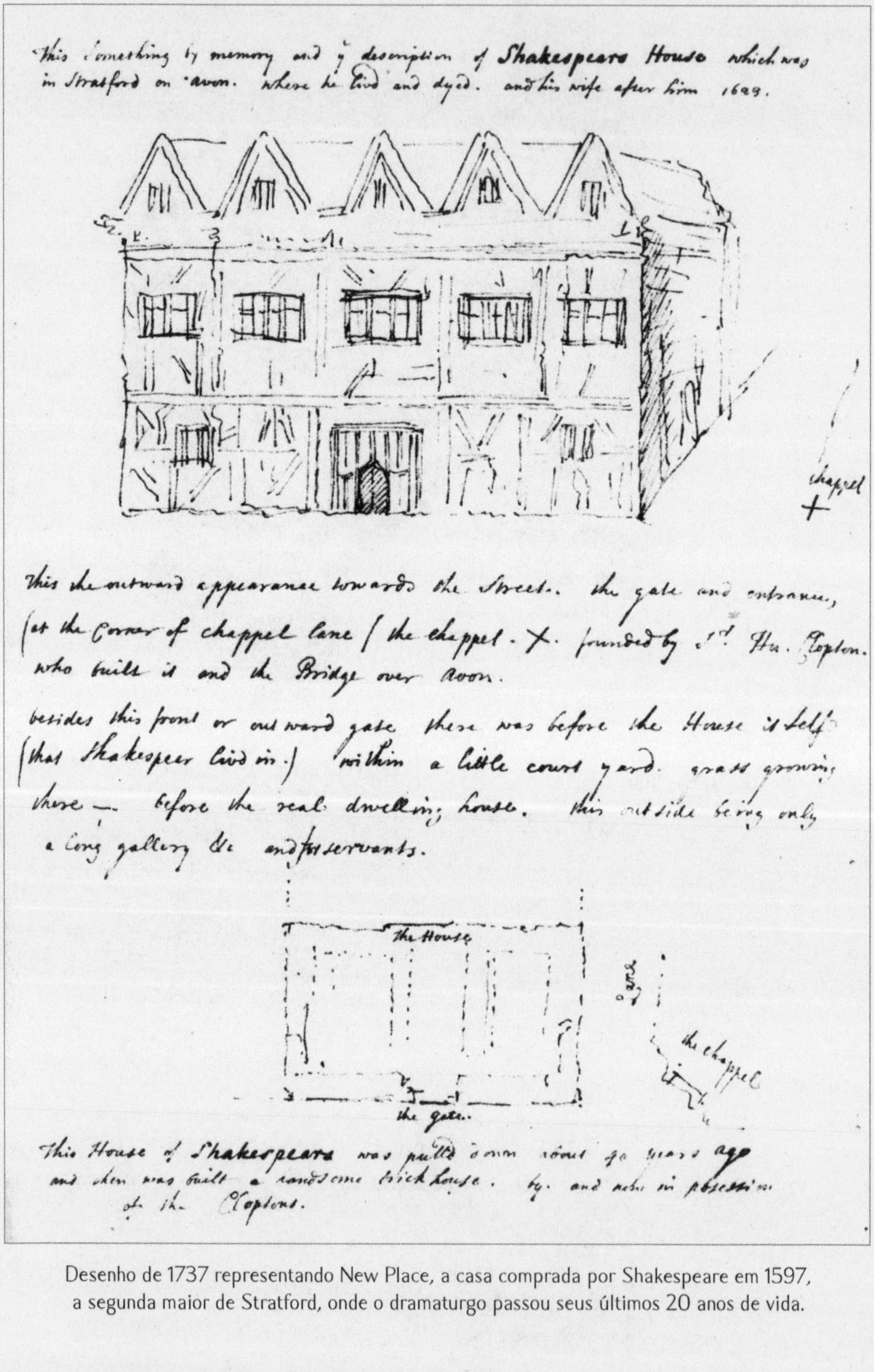

Desenho de 1737 representando New Place, a casa comprada por Shakespeare em 1597, a segunda maior de Stratford, onde o dramaturgo passou seus últimos 20 anos de vida.

de perto os números da Admiral's Men funcionando no Rose, apenas ajustados para a maior capacidade do Theatre.

O valor de 54 libras para a renda individual de um *sharer* parece conservador diante de diversas estimativas que parecem mais firmes para os períodos posteriores. Para 1603-08, a companhia funcionava no Globe, vários dos *sharers* eram também *housekeepers*, e portanto tinham uma renda adicional decorrente da operação do teatro. Para 1610-15, o Blackfriars estava em funcionamento, o que aumentava ainda mais a bilheteria e, portanto, os lucros tanto de *sharers* quanto de *housekeepers*. A Chamberlain's Men operava os dois teatros, o Globe no verão e o Blackfriars no inverno, e pareciam revelar certa preferência pelo segundo, que na verdade viria a se tornar o paradigma daí em diante, quando o público começava a ficar mais qualificado e as rendas derivadas começam a suplantar fartamente as do Globe.

Alguns estudiosos ponderam se não faria sentido fechar o Globe, questão que se tornou bastante presente em 1613, quando ocorreu o incêndio que o destruiu. O teatro seria reconstruído, e os custos estimados estariam na faixa de 1.400 libras, o dobro do que foi gasto para construí-lo em 1599.[26] Andrew Gurr argumenta que não fazia sentido econômico reconstruir o Globe, e Leinwand contrapõe que a decisão teria tido uma fundamentação "emocional".[27] Não há como saber.

Sir Edmund Kerchever Chambers (1866-1953), um dos maiores pesquisadores de Shakespeare, estima as rendas de um *sharer* para a primeira década do século XVII entre 100 e 150 libras por ano, valor significativamente superior ao estimado por Andrew Gurr na Tabela 1, que exibe valores semelhantes aos estimados por Thomas Baldwin.[28] Melissa Aaron avalia os ganhos anuais de *sharers* em 42 libras,[29] e James Forse em 189 libras[30] para o período 1603-08. Parece haver bastante confusão entre os estudiosos desse assunto a respeito do valor das rendas de um *sharer* e o valor da ação, ou o quanto um interessado teria de pagar para se tornar *sharer*. Belo problema para um economista.

O valor da ação certamente envolve um cálculo de valor presente do empreendimento e de riscos futuros, "uma espécie de avaliação como em bolsa de valores" e "determinada pelo mercado no momento".[31] O fato de as ações terem sido transacionadas em valores muito próximos do equivalente à renda de um único ano apenas podia indicar que a "taxa

Tabela 1

Chamberlain's Men *sharers*: Receitas, despesas e lucros, rendas totais, e de William Shakespeare, 1594-1615, libras

	1594-97	1603-08	1610-15
RECEITAS			
Bilheteria – galerias	750,00	800,00	1.100,00
Bilheteria – *yard*	770,00	850,00	1.200,00
Apresentações na corte	50,00	50,00	180,00
Outras	80,00	120,00	50,00
Incidentais	15,00	40,00	40,00
Viagens	30,00	30,00	——
Participação em *catering*	35,00	35,00	——
TOTAL receitas	1.730,00	1.925,00	2.570,00
DESPESAS			
Aluguel	375,00	400,00	735,00
Peças	260,00	250,00	350,00
Figurino	300,00	250,00	300,00
Salários	300,00	300,00	450,00
Licenças (Master of the Revels)	50,00	50,00	60,00
Ajudas aos pobres	10,00	10,00	5,00
Velas (iluminação)	——	——	130,00
TOTAL despesas	1.295,00	1.260,00	2.030,00
LUCRO	435,00	665,00	540,00
(I) por *sharer*	54,38	83,13	67,50

Fonte: Dados primários de Andrew Gurr, 2004, tabelas 3.2, 3.3, 3.4, p.108-9.

de desconto", ou o risco da atividade, era muito alta; ninguém há de ter dúvida sobre isso.

As rendas dos *housekeepers* são mais difíceis de estimar. Parte substancial das receitas era a da bilheteria, obedecida a regra segundo a qual a Chamberlain's Men levava toda a receita do *yard*, uma espécie de "geral", um *penny* por cabeça, e metade da receita das galerias, onde os ingressos eram mais caros. Os *housekeepers* tinham acordos diversos com os vários comércios da vizinhança, cujas rendas eram difíceis de estimar.

Mais visíveis eram as despesas de manutenção, que Aaron estima em torno de 100 libras anuais para o Globe, e o aluguel do terreno, 14 libras para o Globe e 40 libras para o Blackfriars. Consideradas também as despesas com licenças, Aaron estima os lucros totais dos *housekeepers* em 268 libras anuais, o que daria a Shakespeare o equivalente a 12,5%, ou seja, 33 libras adicionais. Chambers calcula os ganhos de Shakespeare como *housekeepers* entre 40 e 50 libras para a primeira década do século XVII,[32] Baldwin entre 60 e 70 libras,[33] e Gurr simplesmente propõe que as rendas de *housekeeper* de Shakespeare tenham sido semelhantes às que obtinha como *sharer*.

Em resumo, como *sharer*, Shakespeare estaria fazendo algo entre 42 e 189 libras, provavelmente na faixa de 60 libras. Como *housekeeper*, algo entre 33 e 70 libras, porém mais próximo de 60 libras, o que lhe daria um total entre 75 e 260 libras, provavelmente na faixa de 120-130 libras num ano típico, sem acidentes maiores, na época em que o Globe funcionava, mas não ainda o Blackfriars. Todos os valores ficam um pouco maiores daí em diante. Para Shakespeare em especial o arranjo foi magnífico, pois nada teve de desembolsar para tornar-se *housekeeper* do Blackfriars. Conforme relata Gurr:

> No que poderia ser louvado como um ato sem precedente de generosidade e companheirismo, os irmãos [Burbage] alocaram das ações dos *housekeepers* do Blackfriars nas mesmas bases das que existiam para as ações do Globe. Nenhum dinheiro esteve envolvido, foi uma doação sem contrapartida, um reconhecimento do sucesso do sistema concebido em 1599.[34]

A Tabela 1 mostra algum recuo nas rendas dos *sharers* para o período posterior, indicando alguma perda de rentabilidade com o aumento da escala de operação; afinal, alguns "fatores de produção" aqui se mantiveram constantes, de tal sorte a experimentar "rendimentos marginais decrescentes".

A afluência de Shakespeare pode ser medida também pelo lado do gasto, vale dizer, pelos investimentos que fez em Stratford, sobretudo após a morte de seu pai em 1601. Comprou em 1602, por 320 libras, cerca de 107 acres de terras para agricultura e pecuária, alugadas e em uso, no norte e no leste da cidade, uma aquisição que parecia relacionada com preocupações de assegurar um bom casamento para sua filha Susanna, indiscutivelmente a favorita, com o médico John Hall.[35] Sua maior compra, revelando o intuito de reconciliar-se politicamente com as lideranças da cidade, foi uma meia cota de dízimos de produção de trigo, cereais, forragem, feno, lã e cordeiros de propriedades em Old Stratford, Welcombe e Bishopton. A aquisição lhe custou 440 libras, e o empreendimento lhe rendia cerca de 60 libras anuais.[36]

Foi esta a propriedade em torno da qual, posteriormente, houve uma polêmica a respeito de seu possível cercamento promovido por um vizinho, conforme narrado em detalhe por Farnam no Capítulo 4. Os cercamentos foram controversos ainda durante muitos anos, e nessa questão específica, em relação à qual a postura de Shakespeare teria sido a do "proprietário egoísta",[37] não houve acordo, e o cercamento acabou ocorrendo apenas em 1775.

A última aquisição de Shakespeare, em março de 1613, talvez a mais obscura, foi a de uma casa contígua ao Blackfriars, que lhe custou 140 libras, das quais 60 libras sobre uma hipoteca, sendo que a fórmula da compra, através de três diferentes *trustees*, resultava em que a propriedade não figuraria em seu testamento. Na verdade, entende-se que o objetivo explícito era excluir Anne Hathaway do arranjo, mas não há clareza a respeito de se efetivamente ele pretendia morar lá. A proximidade do Blackfriars e também do Globe assim o sugeria, mas será que ele efetivamente cogitava terminar seus dias longe de Stratford e da família?

As biografias mais recentes questionam seriamente o mito, que remonta a Rowe, segundo o qual um Shakespeare consagrado e fartamente remediado teve uma bucólica aposentadoria em Stratford dedicando-se a afazeres rurais. Talvez não tenha sido uma época tão monótona. Dois incêndios, o do Globe em 1613 e o de 54 casas em Stratford em 1614,

Welcombe Meadow – aqui em foto de 1914, tirada por Henry Farnam –, terras de Shakespeare em que se pretendia fazer um *enclosure*.

trouxeram-lhe prejuízos e angústias. A ameaça de cercamento sobre sua propriedade mais rentável era outro assunto difícil, que o indispunha com muitas lideranças da cidade. Seu relacionamento com a esposa continuava inexistente ou pior, e sua saúde não andava bem. Os indícios eram de que tinha sífilis, embora a causa da morte tenha sido, segundo se acredita, febre tifoide.

Contudo, nada teria lhe causado tanto aborrecimento quanto o casamento de sua filha mais nova, Judith, já com 31 anos, com Thomas Quinley, um pequeno comerciante de 26 anos tido como mau elemento e claramente interessado na herança de Judith. Seria especialmente irritante para Shakespeare, mesmo sem o envolvimento de Anne, bastando-lhe a lembrança de seu próprio casamento 34 anos antes. Para piorar as coisas, um mês depois do casamento, uma moça de Stratford, de nome Margaret Wheeler, morreu durante o parto, e Thomas Quinley foi declarado pai da criança. Houve uma multa de cinco *shillings* por "fornicação ilegal", que em nada servia para diminuir a humilhação de Judith e da família.

Essa pequena tragédia bem mais rasteira que as imortalizadas por Shakespeare no teatro o teriam deixado "louco de raiva",[38] o que, segundo se supõe, não teria escapado aos amigos que foram visitá-lo na ocasião. Ben Jonson, por exemplo, que estivera em Stratford logo antes e aparentemente lhe deixara a ideia de publicar suas obras completas, bem poderia ter estado no casamento. Na verdade, em uma peça que escreveu logo depois, *The Devil Is an Ass*, o protagonista, um apaixonado pelo teatro de nome Fabian Fitzdottrell, finge-se de louco, aproveitando seus dotes como ator, no leito de morte, para invalidar seu testamento, que deixava todas as suas propriedades para um jovem que tinha razões para detestar.[39] Podia ser coincidência, mas não era a primeira vez que Ben Jonson satirizava o amigo. Em 1599, em *Every Man out of His Humour* (1599) a sátira foi a propósito do brasão de armas de Shakespeare, cujo *motto* era *non sanz droict* ("não sem direito"), e na peça há referência a um brasão cujo *motto* era *not without mustard* ("não sem mostarda").

Foi neste cenário que Shakespeare refez seu testamento. Todas as propriedades acima listadas estavam incluídas, com exceção da casa ao lado do Blackfriars, mas nenhuma menção era feita à sua participação na King's Men ou diretamente nos teatros, indicando que já devia ter se desfeito desses ativos; as doações em dinheiro estabelecidas no testamento foram de 350 libras de uma fortuna total acima de 1.500 libras.[40] Susanna ficava com tudo, provavelmente em decorrência do direito do primogenitura, menos 150 libras doadas sob severas condições a Judith, que recebeu mais alguns objetos sem maior importância. Anne era mencionada de forma enigmática ao fazer jus à "segunda melhor cama" do falecido, e os especialistas se dividem sobre o real significado desse legado: indiferença ou desnecessidade de menção, uma vez que a lei assegurava à esposa um terço dos rendimentos do patrimônio, independentemente do documento legal. O fato é que Anne está tão ausente do testamento quanto da obra de Shakespeare.

Há muitas armadilhas no método para trazer 1.500 libras para valores de hoje. O simples inflacionamento de valores, com o auxílio de índices de preços, facilmente leva a confusões e, a meu juízo, a uma flagrante subestimação, como parece ter sido o caso de Baldwin, que faz esse exercício para 1927. A inflação acumulada de 1616 a 1956, conforme as estimativas de Phelps-Brown e Hopkins, foi de 580,6%, e daí até 2009, conforme o Bureau of Labour Statistics, foi de 665,0%. Com esses números seria tentador atualizar as 1.500 libras originais para 78.100 libras de hoje, mas claro que o cálculo é pobre, pois um legado dessa ordem, nos dias que se passam, estaria muito longe de definir seu proprietário como abastado. Para melhor caracterizar a dimensão da herança pecuniária de Shakespeare em seu tempo seria necessário comparar, por exemplo, com as rendas e as riquezas de outros, ou, mais facilmente, comparar as 1.500 libras com a renda nacional da época.

Talvez mais próprio, portanto, seria considerar o que 1.500 libras representavam como percentual da renda nacional na ocasião, e trazer este percentual para os dias atuais nesses termos. Isso equivale a aplicar, adicionalmente ao fator de inflacionamento acima referido, a taxa de crescimento real do PIB observada nos 393 anos entre 1616 e 2009. De acordo com Angus Maddison, a taxa média anual de crescimento do PIB inglês entre 1600 e 2003 foi de 1,34%. Aplicando esta mesma taxa para o período 1611-2009, em conjunto com a elevação do custo de vida, as 1.500 libras de 1616 se tornariam 14.606.427 libras de hoje.

Ao longo deste trabalho temos utilizado como "padrão" para os valores monetários daquela época o valor do salário anual de um artesão e de um professor, entre 15 e 20 libras, do que se deduz que o bardo acumulou uma fortuna que pode ter atingido 100 vezes o salário anual de um artesão ou 75 vezes o salário de um professor qualificado. O surpreendente número que conclui o parágrafo anterior corresponde a 100 vezes 140 mil libras, ou 73 vezes 200 mil libras, salários anuais consideráveis para os dias de hoje, possivelmente bem maiores que o do artesão de 1616. Mas o artesão de hoje não tem a mesma preeminência, por assim dizer, que desfrutava em 1616. Isso é talvez menos verdadeiro para um professor categorizado, mas o que dizer de atores de sucesso, autores consagrados e donos de teatros?

O cálculo é, claramente, "bastante hipotético", para usar as mesmas defesas de Andrew Gurr nas estimativas para as contas da Chamberlain's Men, e fica sugerido como conjectura, prática tão frequente nos estudos shakespearianos, e mesmo como hipótese provocativa, como a de

Keynes a propósito da relação entre a prosperidade econômica e o esplendor artístico do teatro elisabetano. O fato é que 14 milhões de libras, ou metade, ou mesmo 10%, disso, são suficientes para que se tenha clareza de que Shakespeare morreu rico. Quanto exatamente, pouco importa; provavelmente, em dinheiro de hoje, mais próximo dos 14 milhões que dos 78 mil libras. O fato é que enriqueceu como ator, autor e principalmente como empresário de um dos ramos especialmente dinâmicos da economia elisabetana, o entretenimento de massa. A organização empresarial de que participou foi inovadora e, em muitos sentidos, bastante moderna, assemelhando-se às *partnerships* de nosso tempo. Não deve haver dúvida de que seu sucesso no tocante às suas finanças pessoais, sua familiaridade com as finanças e com os aspectos econômicos e empresariais de seu tempo podem ser encontrados por toda a superfície de sua obra. Não é outra coisa o que o leitor verá no texto de Henry Walcott Farnam, a seguir.

Notas

1. O HOMEM E SUA OBRA (p.15)

1. Wells, 2002, p.43.

2. Duncan-Jones, 2001, p.284.

3. Bryson, 2007, p.175.

4. Tradução de José Rubens Siqueira, in Bryson, 2007, p.176.

5. Duncan-Jones, 2001, p.274.

6. No prefácio, *cf.* Kott, 2003, p.20.

7. Apud Bloom, 1998, p.26.

8. Crystal, 2008, p.32.

9. Honan, 1998, p.71.

10. Wells, 2003, p.147.

11. Crystal, 2008, p.6-9.

12. Bryson, 2007, p.114.

13. Norman e Stoppard, 1999, p.11.

14. Gurr, 2004, p.103.

15. Wells, 2003, p.395.

16. Bryson, 2007, p.14.

17. Apud Leão, 2009, p.42.

18. Bryson, 2007, p.160.

19. *Cf.* Tanya Cooper, curadora de retratos do século XVI da National Gallery, apud Leão, 2009, p.45.

20. Bloom, 1998, p.27.

21. Leão, 2009, p.28 e 29.

22. Dobson e Wells, 2008, p.31.

23. Leão, 2009, p.40.

24. Honan, 1998, p.498.

25. Dobson e Wells, 2008, p.33.

26. Ibid., p.279.

27. Heliodora, 2004, p.217.

2. MOEDAS, PALAVRAS E MERCADOS (p.28)

1. Fischer, 1985, p.17.

2. Braudel, 1973, p.328.

3. Crystal e Crystal, 2002, p.236-7, e especialmente Ojima, 2004, p.114-5.

4. Roover, 1949, p.67, e também Phelps-Brown e Hopkins, 1956, p.299.

5. Ibid., p.68.

6. Turner, 1999.

7. Muldrew, 2001, p.90.

8. É este o tema central do estudo seminal de Shell, 1982.

9. Roover, 1949, p.91.

10. Idem.

11. Proudfoot, 1993, p.110.

12. A observação é de Booth, 1977, p.500.

13. *Cf.* Leinwand, 1999, p.13-23.

14. Kerridge, 1988, p.94.

15. Sargent e Velde, 2002, cap. 8, e Muldrew, 2001, p.102.

16. Muldrew, 2001, p.84.

17. Crystal, 2008, p.232-3.

18. Thomas, 2008, p.xxiii, grifos meus. No original: *verbal coinage*.

19. Crystal, 2008, p.161-4 tem uma seção inteira no Capítulo 7, intitulada "Coinages" a propósito das palavras inventadas por Shakespeare.

20. Fischer, 1985, p.19.

21. Heliodora, 2007, p.261.

3. HÁ ECONOMIA EM SHAKESPEARE? (p.37)

1. Honan, 1998, p.502.

2. Wells, 2003, p.383. Uma extensa descrição desse panorama, com direito a análises sobre os neofreudianos, marxistas de vários tipos, feministas, historicistas, materialistas culturais, desconstrutivistas, e inúmeras outras tendências, pode ser encontrada em Brian Vickers (1993).

3. Por exemplo Woodmansee e Osteen, 1999; e Woodbridge (2003).

4. *Cf.* Osteen e Woodmansee (1999, p.3). Na sua versão britânica, de recorte mais caracteristicamente marxista, o "novo historicismo" ganhou a designação de "materialismo cultural"; *cf.* Egan, 2004, p.86.

5. Woodbridge, 2003, p.5-8.

6. Duncan-Jones, 2001, p.xi.

7. Bloom, 1998, p.26.

8. Johnson, 1765, p.9.

9. Dobson e Wells, 2008, p.350.

10. Thomas, 2008, p.xvii, grifos meus.

11. Aaron, 2005, p.21-2.

4. O APOGEU ELISABETANO: TEATRO E MERCADO (p.43)

1. Keynes, 1930, p.124s.

2. O leitor interessado neste tópico deve percorrer a correspondência entre Keynes e George Bernard Shaw a propósito de Marx, comentada em Moggridge, 1992, p.469-70.

3. É sempre útil recordar um dos 19 princípios da crítica literária (na verdade, é um princípio repetido três vezes) enunciados por Roberto Schwarz, segundo qual "o marxismo é um reducionismo e está superado pelo estruturalismo, pela fenomenologia, pela estilística, pela nova crítica americana, pelo formalismo russo, pela crítica estética, pela linguística, e pela filosofia das formas simbólicas" (2008, p.112).

4. Heliodora, 2007, p.3.

5. Munro, 2007.

6. Heller apud Bruster, p.12.

7. Herridge, 1988, p.85-6.

8. Archer, 1996, p.84.

9. Aaron, 2005, p.29.

10. Egan, 2004, p.98-9.

11. Kermode, 2004, p.46.

12. Gurr, 1987, p.4.

13. Bryson, 2007, p.154.

14. Chambers, 1923, vol.1, p.358-9.

15. Bryson, 2007, p.126.

16. Ibid, p.69.

17. Ibid., p.79.

18. Duncan-Jones, 2001, p.192, grifos meus.

19. Bruster, 1992, p.4, grifos meus.

20. Thomas, 2008, p.xxi.

21. Idem, grifos meus.

22. Ibid., p.xxxiii e xix.

23. Kermode, 2004, p.14.

24. Expressões de Bruster, 1992, p.3-6, passim.

25. Forse, 1993, p.14.

26. Woodbridge, 2003, p.2.

27. Leinwand, 1999, p.1.

28. Thomas, 2008, p.xxii.

5. O patronato e o sucesso de público (p.58)

1. Heliodora, 2007, p.218.

2. Carpeaux, 1999, p.162.

3. Idem.

4. Forse, 1993, p.47.

6. Teatro, mercadores e *venture capital* (p.65)

1. Aaron, 2004, p.16-7.

2. Ibid., p.31.

3. Leinwand, 1999, p.5, grifos meus.

8. Ibid., p.181.

4. Sem prejuízo desta, que já ganhou seu espaço no ensino de economia, *cf.* Kish-Goodling, 1998.

5. Leinwand, 1999, p.119.

7. A economia do teatro (p.69)

1. Wells, 2003, p.156.

2. *Ver* Introdução de Barbara Heliodora ao texto da peça na edição Nova Aguillar, vol.2, 2009, p.539.

3. Kott, 2003, p.304.

4. Gurr, 2004, p.99.

5. Dobson e Wells, 2001, p.199.

6. Forse, 1993, p.232.

7. Bryson, 2007, p.25.

8. Chambers, 1923, p.373-5.

9. Forse, 1993, p.30.

10. Bryson, 2007, p.42.

11. Gurr, 2004, p.6.

12. Kermode, 2004, p.44.

13. Forse, 1993, p.33-7.

14. Osteen e Woodmansee, 1999, p.8.

15. Dodson e Wells, 2001, p.225

16. Chambers, 1923, p.374.

17. Bruster, 2003, p.67.

18. Gurr, 2004, p.88.

19. Ibid., p.87.

20. Dobson e Wells, 2001, p.216.

21. Duncan-Jones, 2001, p.86.

22. Forse, 1993, p.60.

23. *Cf.* Bryson, 2007, p.121.

24. Gurr, 2004, p.107.

25. Idem.

26. Chambers, 1924, p.368.

27. Leinwand, 1999, p.140-1.

28. Baldwin, 1927, p.169.

29. Aaron, 2005, p.55.

30. Forse, 1993, p.27.

31. Gurr, 2004, p.88-9.

32. Chambers, 1924, p.370.

33. Baldwin, 1927, p.169.

34. Gurr, 2004, p.112.

35. Honan, 1998, p.358.

36. Ibid., p.359.

37. Duncan-Jones, 2001, p.262.

38. Ibid., p.277.

39. Ibid., p.276.

40. Baldwin, 1927, p.174.

Referências bibliográficas

Obras de William Shakespeare

Hamlet. In *Hamlet, poema ilimitado*. Tradução de Anna Amélia de Queiroz Carneiro de Mendonça Harold Bloom. Rio de Janeiro: Objetiva, 2004.

Sonetos. Introdução e tradução de Péricles Eugênio da Silva Ramos. São Paulo: Hedra, 2008.

Teatro completo, vol.1, *Tragédias e comédias sombrias*. Tradução de Barbara Heliodora. Rio de Janeiro: Nova Aguillar, 2006.

Teatro completo, vol.2, *Comédias e romances*. Tradução de Barbara Heliodora. Rio de Janeiro: Nova Aguillar, 2009.

Teatro completo, *Tragédias*. Tradução de Carlos Alberto Nunes. Rio de Janeiro: Agir, 2008.

Teatro completo, *Comédias*. Tradução de Carlos Alberto Nunes. Rio de Janeiro: Agir, 2008.

Teatro completo, *Dramas históricos*. Tradução de Carlos Alberto Nunes. Rio de Janeiro: Agir, 2008.

The Complete Works of William Shakespeare. Londres: Abbey Library, 1978.

The Merchant of Venice. Introdução e organização de Robert Morss Lovett. Chicago: Scott, Foresman and Co., 1919.

The Sonnets. Peter Harness (org.). Londres: Collectors'Library, 2009.

Outras obras

ARON, Melissa. *Global Economics: A History of the Theater Business, the Chamberlain's/King's Men, and their Plays, 1599-1642*. Newark: University of Delaware Press, 2005.

AKRIGG, G.P.V. *Shakespeare and the Earl of Southampton*. Cambridge: Harvard University Press, 1968.

ARCHER, Ian. "The 1590s: apotheosis or nemesis of the Elisabethan regime?" In Asa Briggs e Daniel Snowman (orgs.). *Fins de Siècle: How Centuries End, 1400-2000*. New Haven: Yale University Press, 1996.

BALDWIN, Thomas Whitfield. *Organization and Personnel of the Shakespearean Company*. Princeton: Princeton University Press, 1927.

BLOOM, Harold. *Shakespeare, a invenção do humano*. Rio de Janeiro: Objetiva, 1998.

BOOTH, Stephen. *Shakespeare's Sonnets*. New Haven: Yale University Press, 1977.

BRAUDEL, Fernand. *Capitalism and Material Life, 1400-1800*. Nova York: Harper Colophon Books, 1973.

BRUSTER, Douglas. "On a certain tendency in economic criticism of Shakespeare". In Linda Woodbridge (org.). *Money and the Age of Shakespeare: Essays in New Economic Criticism*. Londres: Palgrave Macmillan, 2003.

___. *Drama and Market in the Age of Shakespeare*. Cambridge: Cambridge University Press, 1992.

BRYSON, Bill. *Shakespeare, o mundo é um palco*. São Paulo: Companhia das Letras, 2007.

CAMATI, Anna Stegh e Célia Arns de Miranda (orgs.). *Shakespeare sob múltiplos olhares*. Curitiba: Solar do Rosário, 2009.

Carpeaux, Otto Maria. *Ensaios reunidos, 1942-1978*, vol.1. Rio de Janeiro: Topbooks, 1999.

CHAMBERS, E.K. *The Elisabethan Stage*. vol.I. Oxford: Clarendon Press, 1923.

CRYSTAL, David. *Think on My Words, Exploring Shakespeare's Language*. Cambridge: Cambridge University Press, 2008.

CRYSTAL, David e Ben Crystal. *Shakespeare Words, a Glossary & Language Companion*. Londres: Penguin Books, 2002.

DEVAS, Charles Stanton. "Shakespeare as an economist". *Dublin Review*, 1887.

DOBSON, Michael e Stanley Wells (orgs.). *The Oxford Companion to Shakespeare*. Oxford: Oxford University Press, 2001.

DUNCAN-JONES, Katherine. *Ungentle Shakespeare: Scenes From his Life*. Londres: The Arden Shakespeare, 2001.

EGAN, Gabriel. *Shakespeare and Marx*. Oxford: Oxford University Press, 2004.

FISCHER, Sandra K. *Econolingua: A Glossary of Coins and Economic Language in Renaissance Drama*. Newark: University of Delaware Press, 1996.

FORSE, James H. *Art Imitates Business: Commercial and Political Influences in Elisabethan Theatre*. Bowling Green: Bowling Green State University Popular Press, 1993.

GURR, Andrew. "The shakespearean stage, 1574-1642", 3ª ed. Cambridge: Cambridge University Press, 2008.

___. *The Shakespeare Company, 1594-1642*. Cambridge: Cambridge University Press, 2004.

___. "Picturing Shakespeare in 1603". In Stephanie Nolen et al. (orgs.). *Shakespeare's Face, Unraveling the Legend and History of Shakespeare's Mysterious ortrait*. Nova York: The Free Press, 2002.

___. *Playgoing in Shakespeare's London*. Cambridge: Cambridge University Press, 1987.

HELIODORA, Barbara. *Reflexões shakesperianas*. Rio de Janeiro: Lacerda, 2004.

___. *Falando de Shakespeare*. Rio de Janeiro: Perspectiva, 2007.

___. "Os teatros no tempo de Shakespeare". In Liana de Camargo Leão e Marlene Soares dos Santos (orgs.). *Shakespeare, sua época e sua obra*. Curitiba: Beatrice, 2008.

HAMILTON, Earl J. *American Treasure and the Price Revolution in Spain, 1501-1650*. Cambridge: Harvard University Press, 1934.

HONAN, Park. *Shakespeare, uma vida*. São Paulo: Companhia das Letras, 1998.

JOHNSON, Samuel. *A Preface to Shakespeare*.

KERMODE, Frank. *The Age of Shakespeare*. Nova York: A Modern Library Chronicles Book, 2004.

KERRIDGE, Eric. *Trade & Banking in Early Modern England*. Manchester: Manchester University Press, 1988.

KEYNES, John Maynard. *A Treatise on Money: The Applied Theory of Money*, vol.II. Londres: Macmillan, 1930.

Kish-Goodling, Donna M. "Using *The Merchant of Venice* in teaching monetary economics". *Journal of Economic Education*, outono de 1998.

Kott, Jan. *Shakespeare nosso contemporâneo*. São Paulo: Cosac & Naify, 2003.

Leinwand, Thomas. *Theater, Finance and Society in Early Modern England*. Cambridge: Cambridge University Press, 1999.

Leão Liana de Camargo. "Apaixonados por Shakespeare: fato e ficção nas múltiplas faces do bardo". In Anna Stegh Camati e Célia Arns de Miranda (orgs.). *Shakespeare sob múltiplos olhares*. Curitiba: Solar do Rosário, 2009.

___ e Marlene Soares dos Santos (orgs.). *Shakespeare, sua época e sua obra*. Curitiba: Beatrice, 2008.

Maddison, Angus. *The World Economy: A Millennial Perspective's*. Paris: OECD, 2001.

Moggridge, D.E. *Maynard Keynes: An Economist's Biography*. Londres: Routledge, 1992.

Muldrew, Craig. "Hard food of Midas: cash and its social value in early moderns England". *Past and Present*, 2001.

Munro, John. "Review of Earl J. Hamilton, american treasure and the price revolution in Spain, 1501-1650". *EH. Net Economic History Services*, 15 jan 2007.

Norman, Marc e Tom Stoppard. *Shakespeare apaixonado*. Rio de Janeiro: Rocco, 1999.

Ojima, Fumita. "Money in Shakespeare". *Journal of the Institute of Management Antology*, Tokyo University, vol.63, nov 2004.

Osteen, Mark e Martha Woodmansee. "Taking account of the new economic criticism: an historical introduction". In Martha Woodmansee e Mark Osteen (orgs.). *The New Economic Criticism: Studies at the Intersection of Literature and Economics*. Londres: Routledge, 1999.

Phelps-Brown, E.H. e Sheila V. Hopkins. "Seven centuries of prices of consumables, compared with Builder's wage-rates", *Economica*, nov 2004.

Proudfoot, Richard. "Shakespeare's coinage". In M.T. Jones-Davies (org.). *Shakespeare et l'argent*. Paris: Les Belles Lettres, 1993.

Roover, Raymond de. *Gresham on Foreign Exchange, an Essay on Early English Mercantilism with the Text of Sir Thomas Gresham's Memorandum for the Understanding of the Exchange*. Cambridge: Harvard University Press, 1949.

Rosenblum, Joseph. *A Reader's Guide to Shakespeare*. Nova York: The Barns and Noble Books, 1999.

Ross, Ian Simpson. *Adam Smith, uma biografia*. Rio de Janeiro: Record, 1999.

Sargent, Thomas J. e François R. Velde. *The Big Problem of Small Change*. Princeton: Princeton University Press, 2002.

Schwarz, Roberto. "19 princípios para a crítica literária". In ___. *O pai de família e outros ensaios*. São Paulo: Companhia das Letras, 2008.

Shapiro, James. *A Year in the Life of William Shakespeare, 1599*. Nova York: Harper Collins, 2005.

Shell, Marc. *Money, Language and Thought, Literary and Philosophical Economies from Medieval to Modern Era*. Baltimore: John Hopkins University Press, 1982.

Turner, Frederick. "The Merchant of Avon: the best guide to 21st century economics is a 16th century poet". *Reasononline*, ou *www.reason.com*, mar 1997.

___. *Shakespeare's Twenty-First-Century Economics: The Morality of Love and Money*. Oxford: Oxford University Press, 1999.

Vickers, Brian. *Appropriating Shakespeare: Contemporary Critical Quarrels*. New Haven: Yale University Press, 1993.

Wells, Stanley. *Shakespeare for all Time*. Oxford: Oxford University Press, 2003.

Woodbridge, Linda (org.). *Money and the Age of Shakespeare: Essays in New Economic Criticism*. Londres: Palgrave Macmillan, 2003.

Woodmansee, Martha e Mark Osteen (orgs.). *The New Economic Criticism: Studies at the Intersection of Literature and Economics*. Londres: Routledge, 1999.

Agradecimentos

Agradecimentos muito especiais são devidos à professora Liana de Camargo Leão, pela enorme boa vontade, meticuloso apoio e irrestrito encorajamento na minha difícil excursão ao universo shakespeariano. Agradecimentos são devidos de forma especial a Barbara Heliodora, e também às professoras Anna Stegh Camati e Marlene Soares dos Santos; às editoras Cristina Zahar e Angela Ramalho Vianna; e a Luiz Correa do Lago, Denise Barreto e Neide França. Nenhuma dessas pessoas é responsável pelos erros e imprecisões que ainda sobreviveram.

Henry W. Farnam

A Economia em Shakespeare

Nota da tradução

Para os trechos citados das peças de Shakespeare, foram utilizadas as traduções de Bárbara Heliodora, por gentil acordo com a Nova Aguilar e Sebastião Lacerda, com exceção de *Rei João*, *Henrique VI, partes 1 e 2* e *Henrique VIII*. Quando há compreensíveis discrepâncias literais entre a tradução e o original, o texto original figura em nota de rodapé.

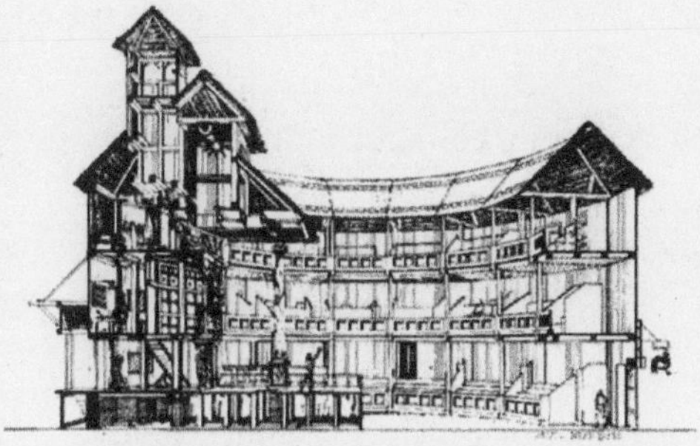

Prólogo

Um mero economista que resolve escrever sobre Shakespeare deve parecer tão presunçoso quanto Orlando, o amador, desafiando Charles, o lutador profissional.* Portanto, para que não me julguem culpado do pecado que fez os anjos decaírem, deixem-me dizer desde logo que escrevo este estudo sem qualquer excesso de autoconfiança. Se pareço Orlando, sinto-me mais como Ferdinand, que estava disposto a executar uma tarefa inusitada para conquistar as boas graças de Miranda, pois,

> ... a amante a que sirvo faz dos mortos vivos,
> E do labor, prazer.
> (*A tempestade*, Ato III Cena I 6-7)

Essa amante é a literatura tal como representada pelo maior poeta da língua inglesa, e meu objetivo é acrescentar mais um tributo aos muitos já oferecidos pela enorme quantidade de admiradores de Shakespeare. Porém, como a forma de minha oferenda é incomum, talvez única, o leitor tem o direito de saber como este estudo veio a ser empreendido.

Foi bastante por acaso que comecei, há muitos anos, a notar em certas peças de Shakespeare alguns trechos que tinham uma clara relação com a economia. Isso levou-me a lê-lo com especial atenção a essas alu-

* Alusão a personagens de *Como quiserem*. Orlando, o herói, com imprudência desafia o brutamontes da cidade, o lutador Charles. De modo surpreendente, contudo, Orlando vence, e ganha o coração de Rosalinda. (N.E.)

sões e, por fim, a preparar um ensaio sobre "Shakespeare como economista", que li no Elisabethan Club da Universidade de Yale, em 1912. Eu queria obter o benefício de uma leitura crítica desse clube de especialistas e estava bem preparado para ouvir que havia desperdiçado meu tempo, e que meu trabalho não tinha valor. Porém, em vez de desaprovar minha audácia, o clube foi benévolo o suficiente para me aceitar como sócio, e senti-me mais encorajado ainda pela publicação de uma versão condensada de meu estudo na *Yale Review* de abril de 1913.

No ano seguinte, fiz uma escala na Inglaterra a caminho de Berlim, onde deveria assumir a cátedra Roosevelt. Uma semana depois que desci em Plymouth, irrompeu a Primeira Guerra Mundial, e meus planos foram por água abaixo. Não obstante, descobri que ainda era possível viajar de automóvel na Inglaterra, e pude levar adiante minha intenção de visitar Stratford. Desejava em especial encontrar-me com o sr. William Jaggard, autor da grande *Shakespeare Bibliography*, e obter sugestões dele para aprofundar meus estudos.

O sr. Jaggard é descendente direto do William Jaggard que imprimiu o *First Folio* em 1623. Ele acabara de entrar para o serviço militar e estava ocupado treinando recrutas que seriam mandados para o front. Apesar disso, recebeu-me com bastante cortesia e ajudou-me muito. Manifestei o desejo de conhecer Welcombe, porque é o tema de uma das poucas declarações orais registradas de Shakespeare. Ele me contou que a autoridade mais competente nesse assunto era o sr. Frederick G. Savage, que fizera um estudo especial da flora em Shakespeare e estava familiarizado com todas as áreas rurais em torno de Stratford.

O sr. Savage era um carteiro diligente que começava sua rotina no início da manhã e só ficava livre no final da tarde, mas concordou prontamente com meu pedido para que fosse meu cicerone; assim, depois de um dia de trabalho, ele foi a Welcombe comigo. Ali, mostrou-me as campinas e o *dingles* [pequeno vale arborizado], e deu-me o benefício de seu conhecimento íntimo de Shakespeare e da flora de Warwickshire. Em 1925, o sr. Savage publicou os resultados de sua pesquisa num volume intitulado *The Flora & Folk Lore of Shakespeare*, e tenho a satisfação de expressar minha dívida de gratidão com este interessante livro e com pessoa do sr. Savage.

De tempos em tempos, após meu retorno aos Estados Unidos, continuei meus estudos, aproveitando um par de viagens oceânicas para repassar o texto com maior minúcia. Tive também o privilégio de consultar a biblioteca de meu amigo, o sr. George A. Plimpton, que reuniu a mais completa coleção de livros escolares, antigos e modernos, que se possa encontrar no mundo, e cujos tesouros do período elisabetano foram particularmente úteis. Meu material acumulou-se lentamente, embora eu nunca me sentisse justificado a usar o tempo de trabalhos mais prementes a fim de prepará-lo para publicação. Mas "doces são os usos da adversidade". Há quatro anos fui obrigado a submeter-me a uma cirurgia, e a limitação imposta desde então à minha atividade física proporcionou-me a chance (ou deveria dizer desculpa?) de dar forma a estes textos, de tal modo que possam ser oferecidos ao gentil e, espero, indulgente leitor.

Nesse ínterim, a literatura shakespeariana cresceu a passos largos. Várias obras importantes surgiram desde que o manuscrito deste livro foi apresentado para publicação. Com efeito, ele já estava no prelo quando *Hidden Allusions in Shakespeare's Plays*, da sra. Clark, foi publicado. Nesse livro erudito de quase 700 páginas, a autora reuniu com talentosa diligência uma grande quantidade de dados em apoio à tese de que as peças de Shakespeare não foram escritas pelo bardo de Avon, mas por Edward de Vere, 17º conde de Oxford. Essa teoria, esboçada pela primeira vez por J. Thomas Looney, implica uma mudança revolucionária na cronologia geralmente aceita das peças e data a primeira delas de 1574. Isso significa que o primeiro drama de Shakespeare teria sido escrito cerca de 18 anos antes da data comumente estabelecida, ou seja, quando ele não tinha mais que 10 anos de idade. Embora esteja convencida de que lord Oxford escreveu Shakespeare, a sra. Clark, não obstante, usa o nome do poeta no título de seu livro, explicando que se trata de um pseudônimo do conde de Oxford.

Aqueles que aderem a qualquer das outras teses sobre autoria diferente podem também considerar o nome Shakespeare, neste livro, o pseudônimo de qualquer pessoa que escolham para substituí-lo, pois as deduções que fiz a partir das obras shakespearianas não são afetadas, felizmente, por questões de autoria ou data. Sem dúvida encontram-se algumas referências a sua personalidade e a eventos que se sabe terem ocorrido durante sua vida, mas são incidentais em relação ao tema principal. As conclusões gerais são igualmente válidas, tenha Shakespeare escrito suas obras ou tenham elas sido redigidas por Francis Bacon, Edward de Vere ou algum outro *ghost writer* a ser descoberto no futuro.

Ainda sofro das apreensões com que me debrucei inicialmente sobre o tema. A literatura a respeito de Shakespeare é tão vasta, as sociedades shakespearianas tão diligentes que ainda espero encontrar alguém que tenha feito o que tentei fazer – e de maneira muito melhor. Na verdade, há indicações de que algum nexo entre Shakespeare e a economia rondou a mente de outras pessoas, embora não se tenha elaborado a ideia. Por exemplo, em 1876, a New Shakspere Society publicou uma edição nova de *A Briefe Conceipt of English Pollicy*, uma série de três diálogos econômicos publicada originalmente em 1581 sob as iniciais "W.S.". Este livro foi reimpresso em 1751, com o nome de William Shakespeare, por um estudioso mais entusiasta do que crítico. Mas isso dificilmente influenciou a New Shakspere Society, pois há muito se supunha que as iniciais "W.S." correspondiam a William Stafford, considerado o autor do ensaio ou seu editor, embora estudiosos modernos atribuam a autoria a John Hales, de Coventry. Sua republicação, portanto, bem como a reimpressão de outras obras relacionadas à vida econômica da época, parecia indicar que, na mente de alguns estudiosos, havia uma conexão especial entre a obra do grande dramaturgo e a economia.

Trinta anos depois, as concepções econômicas de Shakespeare foram abordadas num pequeno livro publicado em 1906 com o título de *Tolstoy on Shakespeare*. Essa obra contém, além de um ensaio do eminente anarquista russo sobre "Shakespeare and the drama" e de uma carta de G. Bernard Shaw, um estudo de Ernest H. Crosby que acusa Shakespeare de ter uma atitude insensível em relação às classes trabalhadoras.

Ainda mais recente é a publicação de um livro com o título *Shakespeare's England*, que reúne muito material econômico. Publicado em 1916 e composto de ensaios escritos por um grande número de estudiosos, os dois volumes tratam de tópicos como extração, agricultura, profissões e comércio, bem como outros de relevância econômica. Utilizei livremente essa valiosa obra na preparação deste livro e fico contente por reconhecer minha dívida de gratidão com ela.

Parece, contudo, que ninguém abordou as obras de Shakespeare como um todo do ponto de vista de um economista. Portanto, sinto-me animado a enfrentar os riscos da publicação. Ao fazê-lo, não espero fincar minha bandeira nem na menor das ilhas do cosmo shakespeariano, ou reivindicar soberania sobre o assunto. Se encontrar pegadas na praia indicando que alguém esteve lá antes de mim, não guardarei ressentimentos de meu predecessor, pois de uma coisa ao menos estou seguro: ninguém pode privarme da diversão que tive ao empreender minha própria viagem de descobrimento.

Uma das características agradáveis dessa aventura foi a ajuda amistosa prestada por exploradores mais experientes. Já me referi à cortesia do sr. Jaggard e do sr. Savage, em Stratford, há cerca de 17 anos. O sr. Savage deu-me informações adicionais por correspondência, enquanto o manuscrito era preparado para a impressão. Embora sofrendo de uma moléstia fatal à qual sucumbiu, ele não somente respondeu a várias perguntas como também me mandou uma gravura muito rara do século XVIII, retratando os campos comuns de Welcombe.

O sr. George A. Plimpton forneceu-me cópias da vinheta de *Margarita Philosophica* e também de duas páginas do livro de Beauchesne e Baildon sobre caligrafia. Dois de meus colegas de Yale também foram de grande auxílio nos estágios finais do trabalho. O reitor Wilbur L. Cross, agora governador de Connecticut, leu o manuscrito e, na qualidade de editor da *Yale Review*, deu-me permissão para usar partes do artigo publicado naquela revista em 1913. O professor Tucker Brooke, além de ler o original, ajudou-me ao chamar minha atenção para alguns livros publicados desde o término do texto original e permitiu que o consultasse sobre várias questões.

Desnecessário dizer que nenhum desses colegas é responsável por quaisquer erros ou falhas que, apesar de todo o cuidado, possam ter permanecido no livro. Sou profundamente agradecido a todos esses companheiros da confraria shakespeariana.

Estou em dívida, de modo muito especial, com minha secretária, a srta. Vera A. Timm. Ela me auxiliou em todos os estágios, do primeiro ao último, na cópia do texto, compilação da bibliografia, verificação das referências, preparação dos índices e leitura das provas. Sem sua leal ajuda a publicação deste estudo teria sido impossível.

H.W.F.

New Haven, Connecticut,
maio de 1931

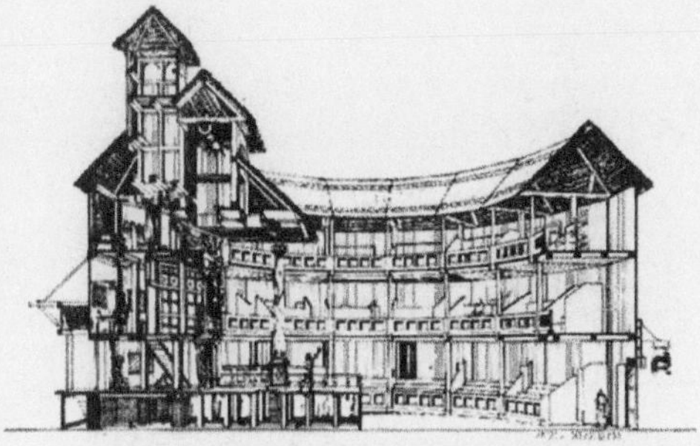

1. Economia e teatro

Quando falamos da economia em Shakespeare não nos referimos a qualquer tratado que ele tenha escrito sobre o tema, nem presumimos que teria compreendido aquilo que queremos designar por "economia política", caso ouvisse a expressão. O mundo teve de esperar dois séculos para que Turgot e Adam Smith analisassem as forças econômicas e nos fornecessem as categorias no âmbito das quais a maior parte da reflexão e da discussão sobre temas econômicos teve lugar desde então. Shakespeare não tinha a menor consciência de ser economista. Ele ganhava a vida atuando e escrevendo peças para entretenimento do público. Peças-problemas* não estavam em voga em sua época, e não há razão para pensar que ele tivesse qualquer outro motivo em sua obra dramática além de apresentar temas interessantes e divertidos em linguagem eficaz, e encher a casa.[1] Mas ele tinha um poder extraordinário de observação e absorção; e, sendo fiel a sua própria definição de ator, oferecia "um espelho à natureza" com tamanha fidelidade que o leitor moderno pode colher em seus textos uma riqueza de informações sobre um número de temas bem mais substancial do que o próprio autor suspeitava. Além disso, era dotado de um senso arguto para os negócios, economizava e investia seu dinheiro e estava familiarizado com a economia dos negócios privados.

* Termo geralmente usado para indicar peças que não eram propriamente comédias ou tragédias e que não apresentavam um interesse intelectual em questões de natureza social. (N.E.)

Não surpreende, portanto, que, por trás de boa parte de sua poesia e de muitas situações dramáticas, escondido em muitas figuras de discurso, espreite um pensamento que chamamos econômico, no sentido de que tem a ver com a produção, troca, distribuição ou consumo de riqueza. Esse pensamento raramente está na superfície. Ele funde-se com a ação, as imagens, as emoções das peças. Precisa ser decantado por um processo que lembra a metalurgia. Mas é rico, quando encontrado, e ocorre principalmente sob três formas. Em primeiro lugar, várias das tramas possuem um contexto econômico. Ou a própria ação adquire um significado econômico, ou envolve uma situação econômica, um problema econômico, um abuso econômico. O tema principal pode ser uma história de amor, e, no entanto, como tantas histórias de amor da vida real, as condições econômicas podem desempenhar um papel importante na sua realização ou frustração, determinando se a trama acabará em comédia ou tragédia. Mais uma vez, o material econômico é oculto em descrições casuais, em metáforas ou alegorias, ou mesmo em invectivas, tiradas do comércio, das profissões, da agricultura, da tributação e da distribuição de riqueza. Essas referências incidentais refletem o que Shakespeare e seus contemporâneos pensavam sobre tudo isso e podem ser agrupadas de acordo com o enredo econômico genérico que seguem. A maior parte do que chamamos aqui de economia em Shakespeare deriva dessa fonte. Por fim, há alguns casos em que encontramos uma discussão de teoria econômica. Isso ocorre especialmente em relação a questões como juros e distribuição de riqueza.

Boa parte do valor desse tema reside no fato de que Shakespeare raramente nos dá um retrato das condições econômicas de seu tempo, ou faz reflexões morais sobre seus problemas econômicos. Praticamente tudo de interesse econômico é incidental em relação a outra coisa, e Shakespeare sem dúvida tinha pouca consciência de que oferecia algum material valioso para o economista, nem de que em algum momento existiria um economista para estudá-lo.

Neste livro, o Capítulo 2 tratará do contexto tal como exibido nas tramas e nos personagens de Shakespeare. Os Capítulos 3 e 4 versam principalmente sobre o que um livro-texto escolar moderno classificaria de produção; o Capítulo 5 trata de troca; os Capítulos 6 e 7, sobretudo de distribuição.

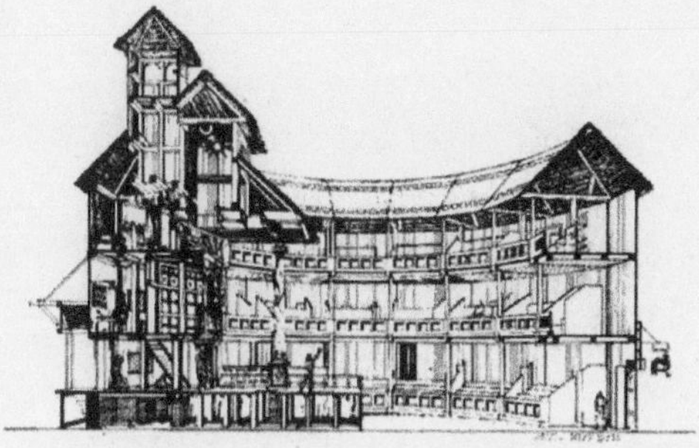

2. O CENÁRIO ECONÔMICO

Se examinarmos, em primeiro lugar, as tramas de Shakespeare, notaremos que em não poucas de suas peças a ação, total ou parcialmente, gira em torno de questões econômicas. Em *Tímon de Atenas*, temos o retrato de um homem não somente rico, mas prodigamente generoso – tão generoso, de fato, que se empobrece para ser gentil com os amigos. Mas, quando se vê falido e apela aos que havia ajudado para que venham em seu auxílio e lhe emprestem dinheiro, todos começam a arranjar desculpas. Sua indignação diante dessa ingratidão o deixa amargurado e por fim transtorna sua mente. Existe aqui uma daquelas situações econômicas prováveis de acontecer em qualquer organização da sociedade, seja ela patriarcal ou capitalista, e alguns homens ricos de nossa época, quando a fortuna deixou de favorecê-los, viram-se abandonados de forma tão impiedosa quanto Tímon de Atenas. Assim como um compositor toma com frequência um tema simples e o desenvolve até criar uma sinfonia, quase parece que Shakespeare desenvolveu a tragédia de *Tímon* a partir do pensamento expresso por Jaques nas palavras:

> Vão logo, cidadãos gordos e lisos;
> A moda é essa. Desde quando olham
> Para os que ficam pobres e quebrados?
> (*Como quiserem*, Ato II cena I 55-7)

O mercador de Veneza é, em certo sentido, a antítese de *Tímon*. Em vez de tomar como tema a crueldade da ingratidão, trata do sacrifício de si mesmo pela amizade. A fim de dar a Bassânio os meios de levar adiante uma corte amorosa, Antônio assume uma obrigação financeira que quase lhe custa a vida. Contudo, o que Shakespeare representa é mais que uma situação econômica. Um elemento importante da peça é o antagonismo resultante do choque entre as concepções medieval e moderna de juros, e é essa divergência de visão que estava na base de boa parte dos sentimentos hostis entre judeus e cristãos na Idade Média.

A questão é abordada de forma significativa logo no início da peça, e os argumentos a favor e contra são apresentados por Shakespeare com seu costumeiro poder de síntese. Os escolásticos medievais condenavam a cobrança de juros por várias razões. Uma delas era a proibição, no Velho Testamento, de que um judeu cobrasse juros de outro judeu. Outro motivo era que o ouro não produz ouro. É em torno disso que gira a discussão em *O mercador de Veneza*, resumida na frase de Antônio:

> Pois que amizade
> Toma do amigo cria de metal?
> (Ato I cena III 134-5)

Dinheiro não pode produzir dinheiro; portanto, é roubo tomar em troca de um empréstimo aquilo que não é produzido pelo artigo emprestado. Shylock justifica a cobrança de juros contando a história de Jacó e Labão. Ela não parece encaixar-se muito bem no caso, como alguns comentadores observaram, e Antônio a critica muito naturalmente dizendo:

> Mas Jacó trabalhou por tal acaso:*
> Não foi por poder seu que o conquistou;
> Veio mandado pela mão do céu.
> Diz isso pra justificar a usura?**
> Ou são carneiros sua prata e ouro?

Ao que Shylock responde: "Não sei, mas sei que os faço procriar" (Ato I cena III 92-7).

* No original: *This was a* venture, *sir, that Jacob served for*. (N.E.)
** No original: *Was this inserted to make interest good*? (N.E.)

Não há explicação desse argumento, o que faz com que ele pareça, ao menos para a mente de um economista, perfeitamente razoável. Embora Shylock se demore, talvez de forma desnecessária, no truque das varas descascadas,* a história como um todo sugere o argumento de que os economistas modernos lançam mão contra a doutrina aristotélica da esterilidade do dinheiro. Simplesmente afirma-se que, embora dinheiro não possa gerar dinheiro, ele pode comprar aquelas coisas que se reproduzem ou podem ser usadas em processos produtivos para aumentar a riqueza do possuidor. Em consequência dessa discussão, Shylock, ao mesmo tempo que se oferece ironicamente para emprestar dinheiro sem juros, introduz no contrato um pequeno curinga, "uma brincadeira", como ele a chama, que o autoriza a cortar uma libra de carne do peito de Antônio caso ele deixe de pagar o empréstimo prontamente. Tudo parece ser uma tentativa, por parte de Shylock, de ajustar contas com os arrogantes cristãos, fazendo-os provar um *reductio ad absurdum* de sua própria teoria sobre empréstimo de dinheiro. Ele afirma que é apropriado cobrar juros.

Eles afirmam que não, que os empréstimos devem ser feitos por amizade. "Muito bem", diz Shylock consigo mesmo, "se vocês querem tratar uma transação comercial como uma questão de amizade, por que não a utilizar como meio de vingança?" Isso dá início a toda cadeia de eventos que culminam na cena do julgamento, quando Portia primeiro dá uma rasteira no judeu, ao levar ao extremo sua interpretação literal do contrato, que ele mesmo havia descrito no início como elaborado "por brincadeira"; e depois, invertendo seu processo lógico, vai à raiz da transação e mostra que ela era, em essência, uma trama contra a vida de um veneziano e, portanto, punível pela lei criminal.

O mercador de Veneza, no entanto, envolve mais que visões antagônicas da usura. A peça também abrange uma discussão sobre versões extremada do laissez-faire na economia. Shylock, numa frase significativa, diz: "Parcimônia é bênção se não for roubada" (Ato I cena III 91).** Em outras palavras, ele defende a teoria de governo do guarda noturno. Qualquer trapaça esperta ganha a bênção divina, ou seja, é moralmente correta, desde que não viole a lei criminal.

---

* Referência a *O mercador de Veneza* (Ato I ceną III 70-80), em que Shylock argumenta sobre a boa gestão do dinheiro. Com um artifício que consistia em prender suas ovelhas num cercado de varas descascadas, ele conseguiu aumentar significativamente seu rebanho. (N.E.)

** No original: *Thrift is blessing, if men steel it not*. (N.E.)

Na comédia pastoral *Como quiserem*, pode-se dizer que o motivo principal da ação é meio político, meio econômico. O duque é levado ao exílio por um complô político. Orlando é expulso, ao menos em parte, por pressão econômica, uma vez que Oliver, tendo herdado todas as propriedades da família, de acordo com a lei da primogenitura, não deixará que seu irmão mais moço tenha o suficiente para viver, nem que receba uma educação decente. Orlando emigrou para a fronteira, na floresta de Arden, a fim de ganhar a vida, assim como os filhos mais moços vão atualmente para o Canadá, África ou Austrália, a fim de trabalhar na criação de gado, na mineração ou em outras indústrias extrativistas, com as ocupações típicas do estágio de caça da civilização incluídas como divertimento. Que isso não era incomum na época de Shakespeare, parece indicar uma alusão em *Os dois cavalheiros de Verona*:

Enquanto outros, menos importantes,
Mandam os filhos buscar honras fora:
Alguns na guerra buscam sua glória,
Alguns em ilhas distantes daqui,
Alguns estudam na universidade.
(Ato I cena III 6-10)

O mesmo pensamento é expresso por Petrúquio em *A megera domada*:

Hortêncio: Mas diga-me, querido, que bons ventos
O sopraram pra Pádua, de Verona?
Petrúquio: Os que espalham os jovens pelo mundo
Pra buscar sorte bem longe da casa
Onde pouco acontece.
(Ato I cena II 48s)

Os principais personagens de *Como quiserem* foram todos transferidos de uma sociedade altamente organizada, com uma divisão de trabalho bem desenvolvida, instituições estabelecidas e propriedade acumulada, para um estado de economia natural, em que as virtudes pioneiras da coragem e da resistência contam mais que os refinamentos da vida na corte.

Orlando, percebendo essa mudança súbita, tenta se adaptar à situação e, como costuma acontecer em circunstâncias semelhantes, exagera no papel. Precisando de comida para si mesmo e para o velho e fiel Adam, que o acompanhou, ele corre ao duque e seus cortesãos com a espada na mão e uma ameaça nos lábios:

morre aquele que tocar tais frutos
Até eu resolver os meus problemas
(Ato II cena VII 98-9)

Quando descobre que eles também são civilizados e que, como diz o duque,

...gentileza alcança mais
Do que a força pra nos fazer gentis
(Ato II cena VII 102-3),

desculpa-se de imediato e fala:

É tão gentil assim? Peço desculpas.
Pensei que tudo aqui fosse selvagem,
E por isso é que assumi o aspecto
Do mando rude.
(Ato II cena VII 106s)

Coriolano trata de um episódio da história romana que, como muitos outros movimentos políticos, teve sua origem numa injustiça econômica – nesse caso, a opressão dos plebeus pelos patrícios de Roma. A cadeia de eventos trágicos em *Rei Lear* começa com a distribuição insensata, pelo rei, de suas propriedades e envolve disputas sórdidas sobre o uso de sua renda. Os impulsos econômicos primitivos e indomados da avareza e da cobiça são as forças básicas que impelem o pobre e velho Lear à insanidade, levam à cegueira de Gloucester e fazem Edgar refugiar-se no disfarce de um mendigo meio estúpido.

A trama de *Medida por medida* gira em torno de uma questão de controle social como muitas que surgem em conexão com a legislação econômica e social nos tempos modernos. Uma lei antiga que jazia esquecida havia muito é subitamente aplicada de forma severa. A lei fora aparentemente posta no código para impressionar:

Duque: .... Qual pai bondoso,
Que só empunha a vara de marmelo
Para brandir aos olhos de seus filhos
Por susto e não pra uso, esta se torna
Um motivo de riso e não de medo.
De modo igual as nossas leis 'stão mortas.
A liberdade abusa da justiça.
(Ato I cena III 23-9)

O duque assume um disfarce para ver as coisas de um ponto de vista imparcial, e as encontra podres. Como ele mesmo diz:

> Onde vi fervilhar a corrupção
> Que mancha tudo: há leis pra todo crime,
> Mas crimes tão aceitos que essas leis
> Parecem regras de barbearia,
> Que só servem pra rir.
> (Ato V cena I 320-4)

Por conseguinte, ele entrega o governo de seu Estado a um delegado que, "vestido com fortuita autoridade", trata de executar a lei literalmente. O resultado é que não demora muito para que o regente inflexível se descubra ele mesmo violando a lei, e tem de encarar a questão: é melhor fazer cumprir uma lei que está fora dos padrões sociais de seu tempo ou ser conivente com males que não se podem erradicar. Exatamente o mesmo problema surge com frequência nos Estados Unidos, em conexão com as leis contra o jogo, a bebida, os esportes aos domingos e outras coisas.

Nas peças históricas, embora a ação em geral seja política, não são poucos os incidentes de caráter econômico. Por exemplo, no início de *Henrique V*, o arcebispo de Cantuária faz um relato circunstancial da lei aprovada pelo Parlamento a fim de secularizar uma parte das propriedades da Igreja. Ele especifica em detalhes o objetivo econômico da lei, que era fornecer ao rei os meios de fortalecer seu exército, encher seu tesouro e proporcionar ajuda aos pobres e outras finalidades sociais. Mas a Igreja ficaria empobrecida com essa lei, e é para evitar isso que ele procura interessar o monarca pela reivindicação da coroa da França. A maior parte da peça diz respeito à campanha francesa, mas tudo isso veio de uma tentativa de resolver um problema econômico.

Em *Henrique VI, parte 2*, o movimento econômico e social conhecido como a "Revolta de Cade" é tratado em detalhes. Em *Henrique VIII*, os impostos excessivos cobrados por Wolsey e seus efeitos sobre a indústria têxtil são discutidos no Ato I, cena II.

Em outros casos, são introduzidos episódios que jogam luz sobre as condições econômicas da época. Dois trechos desse tipo de realismo, relacionados com os riscos do comércio e das viagens na Inglaterra da época de Shakespeare, aparecem em *Henrique IV, parte 2* e em *As alegres comadres de Windsor*. O duplo assalto dos viajantes em Gadshill por Falstaff e de Falstaff pelo príncipe Hal e seus amigos, introduzido com humor em *Henrique IV*, foi provavelmente inspirado nas experiências de um duque suábio que visitou a Inglaterra em 1592. Seu secretário, Jacob Rathgeb, publicou cerca de dez anos depois um relato dessa viagem, cujo título era *Uma verdadeira e fiel narrativa da excursão de banhos que Sua Serena Alteza Frederick, duque de Wirtemberg, conde de Mümppelgart, cavaleiro da Ordem da Jarreteira, fez há alguns anos ao ilustre reino da Inglaterra.*[1] Ao descrever a jornada de Rochester a Gravesend, o autor diz:

> Um inglês com uma espada desembainhada na mão veio em nossa direção sem que percebêssemos e passou por nós tão rápido quanto podia; talvez esperasse encontrar outras pessoas, pois é muito provável que tivesse uma emboscada, pois aquela parte da estrada em particular não é a mais segura.

Esse lugar não era senão Gadshill, que Falstaff nos dera a conhecer. Outro trecho parece também ter sido inspirado por um episódio que aconteceu a essa mesma "Serena Alteza". O relato seguinte é feito em *As alegres comadres de Windsor*, tal como impresso na edição Globe e na maioria das outras edições modernas:

> (*Entram o hospedeiro e* BARDOLPH.)
>
> BARDOLF: Senhor, o alemão quer seus três cavalos: o próprio duque estará amanhã na corte, e eles irão encontrá-lo.
>
> HOSPEDEIRO: Por que há o duque de vir assim em segredo? Não soube de nada dele na corte. Deixe-me falar com os cavalheiros. Eles falam inglês?
>
> BARDOLF: Falam; e eu irei chamá-los.
>
> HOSPEDEIRO: Podem ficar com meus cavalos; mas têm de pagar; vou sugá-los. Tiveram minha casa uma semana à sua disposição; tive de recusar outros hóspedes. Eles têm de acertar; vou arrancar-lhes o couro. Vamos.
>
> (*Saem.*)
>
> (Ato IV cena III)
>
> (*Entra* BARDOLPH.)
>
> BARDOLF: Ai, ai, senhor; é vigarice em cima de vigarice!
>
> HOSPEDEIRO: Onde estão meus cavalos? Dê boas notícias deles, empregadote!
>
> BARDOLF: Fugiram com os vigaristas; logo que passei adiante de Eton, eles me atiraram, um deles, por trás, num atoleiro de lama; esporearam e se mandaram, como três alemães, três doutores Faustos.
>
> HOSPEDEIRO: Foram só encontrar o duque, vilão; não diga que fugiram. Os alemães são homens honestos.

(*Entra sir* Hugo Evans.)

Evans: Onde está o hospedeiro?

Hospedeiro: O que é que há, senhor?

Evans: Tome cuidado com os que abriga: um amigo meu que chegou à cidade diz que há três alemães que já roubaram todos os hospedeiros de Readins, Maidenhead e Colebrook, de cavalos e dinheiro. Eu digo isso por sua boa vontade, saiba; o senhor é sábio, e cheio de deboches e mostrativos de riso, e não é conveniente que seja vigarizado. Passe muito bem.

(Evans *sai. Entra* Caius.)

Caius: Onde está *mon* hospedeiro da Jarretère?

Hospedeiro: Aqui, mestre doutor, em perplexidade e duvidoso dilema.

Caius: Isso não sei o que é; mas me foi dito a mim que faz grandes preparativos para um duque da Alemagne [Jamany]; dou minha palavra que não há duque que a corte saiba que vem. Digo isso só de boa vontade; *adieu.*

(Caius *Sai.*)

Hospedeiro: Alarma, vilão, vá-se embora! — Se o cavaleiro não me ajuda, estou liquidado! — Voem, corram, e gritem vilania, eu estou liquidado!

(*Saem o* Hospedeiro *e* Bardolph.)

(Ato IV cena V 63s)

Nada há nessa versão do episódio que sugira qualquer identificação do "duque da Jamany", mas na primeira edição da peça, impressa em 1602, há o seguinte trecho:

(*Entra sir* Hugo.)

Sir Hugo: Onde está o hospedeiro da jarreteira?
Então, meu hospedeiro, desejo que saiba,
tome cuidado com os que abriga,
pois há três tipos de *garmombles* vigaristas,
que roubaram todos os hospedeiros de
de Maidenhead & Readings.

Como a palavra *garmombles* não aparece em qualquer outro lugar da literatura, não pode haver muita dúvida de que se trata de uma paródia levemente disfarçada de Mompelgard, e os lugares mencionados, Maidenhead e Reading, são exatamente aqueles por onde Sua Serena Alteza passou.[2] Na edição de 1623, há o acréscimo de Cole-brooke. Como viajava na carruagem da rainha, o duque tinha direito ao uso dos cavalos de posta nas várias estalagens, e os estalajadeiros sentiam-se explorados, ou alguns vigaristas se aproveitavam da jornada do duque para se passar por criados e levar os cavalos. *As alegres comadres de Windsor*, embora encenada em 1599, foi impressa pela primeira vez em 1602, mesmo ano em que foi publicado o relato de Rathgeb sobre a viagem de Sua Serena Alteza, e o golpe local era sem dúvida bem apreciado pela plateia de Shakespeare.

As cenas das peças de Shakespeare limitam-se, em geral, à Europa e ao Mediterrâneo, ou "ao que os antigos chamavam de mundo civilizado".[3] A maioria das tramas também é tirada de material já existente, seja da história antiga, da inglesa, seja de histórias de autores italianos ou de outra origem. Porém, no caso de *A tempestade*, ele parece ter inventado a trama, e é significativo que seja o único caso no qual o cenário é aparentemente o mesmo das grandes viagens de exploração da época.

Da perspectiva do economista, faz pouca diferença se a ilha encantada de Próspero era a ilha de Lampedusa, no Mediterrâneo, ou se era nas Bermudas, ou alguma outra ilha real ou imaginária.[4] Nem é especialmente importante saber se a peça foi escrita em 1610-11, época em que Shakespeare já poderia ter lido os relatos impressos da malfadada expedição de Gates e Somers, em 1609,[5] ou se foi escrita antes disso. Os pontos de convergência entre a descrição do naufrágio no primeiro ato de *A tempestade* e as experiências vividas por Gates e Somers em sua expedição à Virgínia são tão notáveis que muito provavelmente Shakespeare tomou emprestado sua história do naufrágio nas Bermudas. Se assim ocorreu, essa peça foi inspirada não somente pelas aventuras mercantis da época, mas por uma expedição que teve importância econômica específica, pois estava estreitamente ligada à ocupação das colônias norte-americanas. E isso, por sua vez, implicava uma tentativa de resolver o grande problema do desemprego, mandando um pouco da população excedente para ganhar a vida no solo virgem do Novo Mundo.

De qualquer modo, haja Shakespeare tirado ou não o material de sua peça desse evento em particular, não há dúvida de que não teria sido capaz de nos apresentar um retrato tão intenso das dificuldades e dos incidentes da vida no mar se ele mesmo não tivesse vivido em meio aos empreendimentos econômicos dos séculos XVI e XVII.

Ao lado da ação, há, nos vários personagens que Shakespeare introduz em suas peças, um retrato das atividades econômicas comuns de seu tempo. Reis, príncipes, aristocratas, suas senhoras e seus criados costumam desempenhar os papéis principais. Mas, se pudéssemos intimar os outros personagens a comparecer diante de nós, teríamos um mosaico de gente que representa uma grande fração daqueles que faziam o trabalho duro no reino de Elisabeth. Contar esses personagens é tão difícil quanto contar as milhares de estátuas de Buda em Nikko.

O professor Felix E. Scheling, em seu interessante capítulo sobre "A gente comum de Shakespeare",[6] faz uma caracterização de "cerca de 60 personagens que têm falas", depois de excluir todas as pessoas de posição social elevada ou nobres de nascimento, seus criados, os bufões e alguns poucos que desempenham papéis importantes, embora não sejam nobres. Mas, se excluirmos apenas as pessoas de alta posição ou título, os cavalheiros, as damas e aqueles que desempenham os papéis realmente importantes nos dramas, podemos reunir cerca de 200 personagens menores. Muitos deles não têm nome. Inúmeros figuram simplesmente na lista de *dramatis personae* na condição de palhaços, como os dois maravilhosos coveiros em *Hamlet*. Outros nem aparecem individualmente na lista, mas se fundem na massa de extras, no fim, como os dois pescadores em *Péricles*, ou os peticionários na segunda parte de *Henrique VI*.

Ao agrupar esses personagens conforme suas funções econômicas e sociais, encontramos representantes dos principais elementos envolvidos na produção, troca, distribuição e consumo da riqueza. As indústrias extrativas estão representadas por agricultores, jardineiros, pastores, guardas-florestais, caçadores; os trabalhos manuais e pequenas profissões, por carpinteiros, marceneiros, tecelões, ourives, armeiros, açougueiros, consertadores, funileiros, alfaiates e aprendizes. O negócio do comércio e distribuição é feito por comerciantes, ambulantes, carregadores, capitães, comandantes, contramestres, imediatos, pilotos e marinheiros, enquanto taberneiros e seus empregados contribuem para os prazeres das velhas estalagens inglesas. As chamadas profissões cultas também estão bem representadas: a Igreja, por cardeais, arcebispos, bispos, padres, frades, freiras, sacristãos e coveiros; o direito, por advogados, juízes e seus assistentes mais humildes, como prefeitos, policiais, guardas, bedéis e carrascos; a medicina, por médicos e boticários; as artes, por pintores e músicos; a educação, por mestres-escolas. Por fim, com assassinos, vigaristas, mendigos, cortesãs, cafetinas e cafetões, Shakespeare nos mostra os elementos mais francamente destrutivos ou parasitas da sociedade.

É significativo que, entre as indústrias extrativas, a mineração chame a atenção por sua ausência. A palavra "mineração" não aparece em toda a sua obra, nem a indústria à qual ela se refere. A palavra "mina" é usada com mais frequência num sentido puramente figurativo, para indicar algo de grande valor, como quando Hortênsio diz

Com ela, ...
Nem por minas de ouro me casava
(*A megera domada*, Ato I cena II 92)

O mais próximo que ele chega de qualquer realismo nessas referências ocorre em *Otelo*, quando Iago fala:

A ideia perigosa é um tal veneno,
Que se a princípio incomoda pouco,
Mesmo um pouco, mesclado no sangue,
Queima igual ao enxofre.*
(Ato III cena III 326s)

A palavra aplica-se também a um dispositivo de engenharia militar. É nesse sentido que é usada por Hamlet quando fala:

Pois que isso aconteça.
É divertido ver o sapador
Saltar com seu petardo: vai ser duro
Mas eu hei de cavar por sob as minas
E na explosão os mandarei à lua.
(*Hamlet*, Ato III cena IV 205s)

O verbo *to mine* é usado somente no sentido de "minar", ou "solapar".

Há referências a alguns dos produtos da mineração, como ferro e metais preciosos, mas o carvão a que ele se refere é apenas o vegetal, não o mineral. A palavra *sea-coal* (carvão betuminoso) é usada duas vezes e, por estranho que pareça, por duas pessoas diferentes que têm o mesmo nome. A senhora Quickly, criada do dr. Caius, refere-se a fogo de *sea-coal* (*Alegres comadres*, Ato I cena IV 9), do mesmo modo que a senhora Quickly, a dona da estalagem em Eastcheap (*2 Henrique IV*, Ato II cena I 95). De outro modo, a palavra Seacole ocorre apenas como nome próprio em *Muito barulho por nada*. Os Seacole eram evidentemente uma família literária, pois se manda que Francis Seacole leve "pena e tinta" à cadeia (Ato III cena V 63), e George Seacole alcança a imortalidade por ser um dos dois membros da guarda de Dogberry que sabe ler e escrever (Ato III cena III 11-2).

* No original: "Burns like the *mines* of sulphur." (N.E.)

A ausência de qualquer referência maior à mineração e a abundância de referências a ovelhas e lã refletem claramente o contraste entre as principais fontes da riqueza nacional da Inglaterra nos séculos XVI e XX.

Chamemos ao banco das testemunhas não apenas a aristocracia e a pequena nobreza, mas esses toscos personagens menores, e veremos de que maneira expressiva, em alusões casuais, em figuras de discurso e em muitos incidentes fortuitos, elas refletem a vida econômica e até as doutrinas econômicas do século XVI.

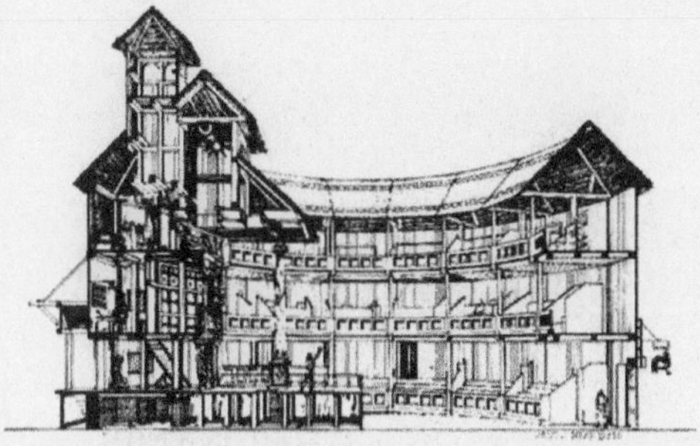

3. O MAR E SEUS EMPREENDIMENTOS

Shakespeare viveu na grande era das explorações e descobertas.[1] A maioria das notáveis mudanças econômicas de seu tempo – como o descobrimento de novas fontes de metais preciosos e o consequente aumento dos preços, o crescimento do comércio exterior, a substituição da economia natural por uma economia monetária na agricultura, o crescimento da indústria da lã e o cultivo nas colônias – teve suas raízes na iniciativa de homens do mar, piratas e aventureiros que buscavam novas rotas de viagem e novos mercados em terras estrangeiras. Isso vale ainda mais para o século XVI do que para depois, para o tempo de Goethe, em que: "Krieg, Handel und Piraterie, /Dreieinig sind sie, nicht zu trennen."*

A Inglaterra não foi a primeira nesse campo. A descoberta da rota marítima para a Índia deve ser creditada aos portugueses; a descoberta do hemisfério ocidental, a um italiano navegando sob patrocínio espanhol. Nem foi a primeira a circum-navegar o mundo, façanha realizada por Fernão de Magalhães entre 1519 e 1522. Mas não demorou em seguir os outros, e logo se distanciou de seus mestres.

Francis Drake fez sua primeira viagem ao redor do globo em 1577-80. Seu navio, o *Golden Hind*, ficou ancorado em Deptford como atração turística e provavelmente estava lá quando Shakespeare foi a Londres pela primeira vez. Ele não faz qualquer menção direta às viagens de

* Em tradução livre: "Guerra, comércio e pirataria /são uma trindade indivisível." (N.E.)

Drake[2] ou à derrota da Invencível Armada espanhola, e, como apontou o professor Tucker Brooke,[3] é surpreendente como faz poucas referências às grandes realizações navais que engrandeceram o reinado de Elisabeth. "É o caráter indireto da arte de Shakespeare que responde aqui por seu maravilhoso sucesso." Contudo, é óbvio que esses eventos lhe causaram profunda impressão. Não somente encontramos uma grande quantidade de nomes de lugares em suas tramas, como referências a descobertas geográficas e incidentes da vida marítima aparecem constantemente em suas alusões, metáforas, na paixão, em piadas e até nas invectivas. Parece que se deliciava em enriquecer suas peças com termos geográficos. Nem sempre estão corretos, como quando, em *Conto de inverno* (Ato III cena III), dota a Boêmia de uma costa marítima.[4] Mas mesmo aqui é possível fazer-lhe uma defesa plausível, e pelo menos uma de suas descrições é quase fotográfica. Em *Antônio e Cleópatra*, Antônio diz a César:

É assim: medindo o fluxo do Nilo,
Por marcas nas pirâmides descobrem –
Por cheia, baixa e média – se vem falta
Ou fartura a seguir. Mais sobe o Nilo,
Melhor. Quando ele baixa, o agricultor
Joga seus grãos por todo o limo e lama,
E logo viram colheita.
(*Antônio e Cleópatra*, Ato II cena VII 19s)

Afora o erro de situá-lo na pirâmide, trata-se de uma descrição exata do nilômetro que ainda pode ser visto por qualquer viajante que hoje visite o Cairo.

Mesmo quando o contexto não exige tais descrições, como no caso que acabamos de citar, parece que Shakespeare tinha um reservatório sem fim de nomes de países, cidades, montanhas e rios associados a fatos geográficos que podia encaixar em seus versos de forma fácil, tanto quanto Glendower podia "evocar espíritos das vastas profundezas". Alguns exemplos serão suficientes para ilustrá-lo. Egeu, em *A comédia dos erros*, diz:

Há cinco anos dos confins da Grécia
Até a Ásia tenho procurado,
Na volta, pela costa, vim a Éfeso.
(Ato I cena I 133s)

Em *O mercador de Veneza*, Antônio tem barcos

De Trípoli, do México e Inglaterra,
De Lisboa, da Índia e da Barbaria
(Ato III cena II 271-2)

A Companhia da Moscóvia foi autorizada a funcionar em 1554, e o crescente comércio com a Rússia responde sem dúvida por referências como as que se seguem. Rosalina propõe queixar-se de visitantes, "de uns falsos russos, de roupa esquisita" (*Trabalhos de amor perdidos*, Ato V cena II 303).

Na mesma peça, há uma referência a "moscovitas ou russos" (Ato V cena II 121). Ângelo, entediado com a prolixidade de Pompeu, em *Medida por medida*, diz: "Isso dura uma noite da Rússia, / Onde as noites são longas" (Ato II cena I 138-9).

Há também referência à Polônia em *Medida por medida* (Ato I cena III), bem como ao rei da Hungria (Ato I cena II 2). Na mesma peça, Pompeu, referindo-se a uma fruteira em que foram servidas passas, diz: "Não são de porcelana [da China], mas são muito boas" (Ato II cena I 96-7). Bernardino, "um prisioneiro dissoluto", é "nascido na Boêmia" (Ato IV cena II 134). Puck se oferece para pôr um cinto em torno da Terra em 40 minutos (*Sonho de uma noite de verão*, Ato II cena I 175). Falstaff compara a senhora Page e a senhora Ford às suas Índias Orientais e Ocidentais. Diz ele: "Eis a carta para ela, que também controla a bolsa: ela é uma Guiana, toda de ouro e prodigalidade. Eu engano as duas, e elas passam a ser os meus tesouros: serão minhas Índias Orientais e Ocidentais, e hei de comerciar com as duas" (*As alegres comadres de Windsor*, Ato I cena III 74s).

Há referência a Argier (Argel) em *A tempestade* (Ato I cena II 261); a Rheims em *A megera domada* (Ato II cena I 82). Em *Bom é o que acaba bem*, mencionam-se os florentinos e seneses (Ato I cena II 1), bem como os tártaros (Ato IV cena IV 7). A Ilíria aparece em *Noite de reis* (Ato I cena II 2). As cenas de *Conto de inverno* alternam-se entre a Boêmia e a Sicília (Ato I cena I; Ato III cena III), enquanto a Líbia é mencionada não só nesta peça (Ato V cena I 158) como também em *Troilus e Créssida* (Ato I cena III 328). Em *Conto de inverno* há referência a um dente etíope, símbolo da brancura (Ato IV cena IV 374). Em *A comédia dos erros* há uma verdadeira orgia de trocadilhos geográficos. Drômio de Siracusa, ao descrever sua dona, diz: "Eu juro que aquele pavio dá pra queimar durante um inverno polonês inteiro." Antífolo pergunta pelo nome da mulher. "Norma, porque é enorme", responde

Drômio. "Quer dizer que é um pouco larga?" "Dos pés à cabeça mede o mesmo que de um lado a outro; é esférica, como um globo. Ela é toda coberta de países." E então Drômio faz uma peregrinação por aquele notável globo humano.

> Antífolo: Em que parte do corpo fica a Irlanda?
> Drômio: Nas nádegas, senhor. Vê-se pelos pântanos.
> Antífolo: E a Escócia?
> Drômio: Pela secura e a dureza, fica no couro das palmas das mãos.
> Antífolo: E onde fica a França?
> Drômio: Na testa – armada e revolta. Nela cabelos lutam como herdeiros.
> Antífolo: E a Inglaterra?
> Drômio: Eu andei olhando os rochedos, mas não tinha nenhum branco – mas acho que fica no queixo, onde corre o suor salgado que separa a França dos despenhadeiros.
> Antífolo: E a Espanha?
> Drômio: Essa eu não vi... Só senti no hálito quente!
> Antífolo: E a América e as Índias?
> Drômio: Ora, senhor, no nariz, que é todo decorado com rubis, carbúnculos e safiras, que inclinam suas riquezas para o hálito da Espanha; pois esta mandou armadas inteiras de carga para servir de lastro ao nariz.
> Antífolo: E a Bélgica e os Países Baixos?
> Drômio: Ora, meu amo – eu não olhei tão baixo.
> (*Comédia dos erros*, Ato III cena II 99s)

Maria diz de Malvolio: "O sorriso cobre o rosto dele de mais linhas do que há nesse novo mapa que inclui as Índias" (*Noite de reis*, Ato III cena II 84). Essa referência a um mapa novo é um exemplo particularmente bom do realismo de Shakespeare. Como mostrou J.R. Rogers, que incluiu um fac-símile desse mapa em *Shakespeare's England*,[5] sabemos exatamente de que mapa se trata. Publicado em 1600, foi o primeiro mapa inglês traçado segundo os princípios de projeção de Mercator. Chamavam atenção as linhas de rumo traçadas para indicar o trajeto de um navio que navegasse continuamente em qualquer direção dada. Uma rápida espiada nessas linhas mostra como é apropriada a referência de Shakespeare e com que rapidez percebeu a semelhança com as rugas de um rosto.

Ao mesmo tempo que supria Shakespeare com boa parte da matéria para seu engenho, a geografia comercial também servia como meio para a expressão de sentimentos e paixões. Romeu diz:

Não sou nenhum viajante, mas se você fosse
Pra costa mais longínqua do mar mais distante,
Eu singrava até lá por tal tesouro.*
(*Romeu e Julieta*, Ato II cena II 82s)

E, ao planejar com a ama de Julieta a subida pela escada de cordas, ele diz de forma bastante adequada:

Em meia hora meu criado a encontra,
Para entregar uma escada de cordas
Que, até o prêmio de minha alegria,
Eu subirei no segredo da noite.
(Ato II cena IV 200s)

As maravilhosas invectivas de Shakespeare são enriquecidas frequentemente por alusões geográficas. Pistol chama Nym de "cão da Islândia, seu vira-lata islandês de orelha torta!" (*Henrique V*, Ato II cena I 43)[6] e "cão de Creta" (*Henrique V* Ato II cena I 77). Lisandro solta os cachorros em *Sonho de uma noite de verão*:

Lisandro: Saia, etíope!
Demétrio: Não, não, ele...
Vai parecer lutar. (*Para* Lisandro:) Grita que ataca,
Mas não ataca! Você é um covarde!
Lisandro: Pra fora, gata, lixo! Larga, droga!
Ou eu torço você como uma cobra.
Hérmia: Por que tal grosseria? O que mudou,
Meu amor?
Lisandro: Seu amor? Fora, encardida!
Remédio ruim, veneno amargo, fora!**
(Ato III cena II 257s)

O hospedeiro em *As alegres comadres de Windsor* diz a Simples, que pergunta por Falstaff: "Vai, bate e chama; ele te responderá como um antropofaginês" (Ato IV cena V 9-10). O segundo criado, em *Coriolano*, diz: "E se tivesse queda para canibal, poderia tê-lo grelhado e comido, também" (Ato IV cena V 200-1). Otelo,

* No original: "I would adventure for such merchandise." (N.E.)
** No original: "Thy love! Out tawny Tartar, out!." (N.E.)

ao explicar como Desdêmona veio a sentir-se atraída por ele graças a sua vida aventurosa, conta como falou a ela

> dos canibais, que se entrecomem,
> E de antropófagos, cujas cabeças
> Lhes crescem entre os ombros
> (*Otelo*, Ato I cena III 143-5)

Rosalinda diz: "Mais uma polegada de espera são os mares do sul das descobertas" (*Como quiserem*, Ato III cena II 206). Benedito fala a dom Pedro:

> Benedito: Será que Sua Graça pode mandar-me, a serviço, para o fim do mundo? Prefiro ir às Antípodas, pela mais ínfima tarefa que possa inventar; posso ir buscar um palito nos cafundós da Ásia; a medida do pé do imperador gigante da Abissínia; um fio da barba do Grande Kahn; ir de embaixador junto aos pigmeus, antes de trocar três palavras com essa harpia. Tem algum uso para mim?
> (*Muito barulho por nada*, Ato II cena I 271s)

Os riscos do comércio exterior são descritos admiravelmente na primeira cena de *O mercador de Veneza*, quando Salério e Solânio discutem os negócios de Antônio da seguinte maneira:

> Salério: Sua mente é jogada pelo mar
> Onde suas galeras, enfunadas
> Como fidalgos ou burgueses ricos,
> Estrelas do espetáculo do mar,
> Passam os olhos nos barcos pequenos
> Que as saúdam, humildes, quando passam
> Voando, com suas asas bem tecidas.
> Solânio: Se eu estivesse engajado em tais venturas,
> A maior parte de minha afeição
> Ficaria no mar, com os meus anseios:
> Em cada folha eu só veria o vento,
> Só pensaria em portos e roteiros;
> E tudo onde pudesse ver perigo,
> Pondo em risco o que é meu, deixar-me-ia
> Por certo triste.

Salério: Só soprando a sopa
Teria logo um susto, ante a ideia
Do mal que um vento forte faz ao mar;
E bastaria olhar uma ampulheta
Para um banco de areia vir-me à mente
E eu ver meus barcos todos encalhados,
Adernados, com os cascos arranhados,
Beijando a morte; e quando fosse à igreja,
O templo santo, só por ser de pedra,
Me faria pensar em rochas rudes
Que, rasgando os costados delicados,
Espalhariam n'água suas cargas,
Vestindo as ondas com as minhas sedas;
Pensando, enfim, que o que valia muito
Pode não valer nada. E, se capaz
De pensar nisso, como não seria
Capaz de imaginar minha tristeza
Se algo como isso acontecesse?
Não peço explicações; eu sei que Antônio
Está triste porque pensa em seus negócios.
(*Mercador de Veneza*, Ato I cena I 8s)

Esses riscos aparecem de forma figurativa nas palavras de Lord Bardolph:

Todos nós, engajados nessa perda,
Sabíamos do perigo a ser singrado,
E apostamos dez por um na vida;
Mas arriscamos por possíveis ganhos,*
Calamos o temor desses perigos,
E, perdendo, enfrentamos novos riscos.**
Embarquemos, portanto, corpo e bens.
(*2 Henrique IV*, Ato I cena I 179-85)

Muita discussão já provocou a frase "*putter-out of five for one*" que se ouve em *A tempestade*.[7] Gonzalo refere-se às histórias fabulosas de viajantes, quando diz:

* No original: "And yet we ventures, for the gain proposed." (N.E.)
** No original: "And since we are o'erset, venture again." (N.E.)

Quando nós éramos meninos,
quem creria, porventura, que houvesse montanheses
com barbela de touro na garganta, a pender-lhes do peito
como saco balouçante de carne? Ou gente houvesse
com a cabeça no peito? E hoje não temos
Viajantes que já foram comprová-lo,
Só por apostas?*
(*A tempestade*, Ato III cena III 44-50)

Tratar-se-ia de um contrato segundo o qual um viajante, ao partir para uma jornada, depositaria certa quantia de dinheiro em casa, sob a condição de que, se retornasse em segurança, ganharia cinco vezes aquele valor. A principal justificativa para essa interpretação encontra-se em *Every Man out of his Humour*, de Ben Johnson, na qual Puntarvalo diz:

> Estou decidido a oferecer cerca de cinco mil libras, a serem pagas a mim cinco por uma quando do retorno meu, de minha mulher e de meu cão da corte turca em Constantinopla. Se todos ou um de nós se extraviar na viagem, estão perdidas; se tivermos êxito, ora, haverá 25 mil libras para nos divertirmos com elas.
> (Ato II cena I 86)

Muitos comentaristas referiram-se a esse contrato, mas não encontrei qualquer discussão que siga o episódio além da declaração pura de Puntarvalo acima citada. Parece-me um erro fazer a partir desse contrato qualquer inferência a respeito dos riscos do comércio. Se a multa dependia simplesmente do retorno de um comerciante viajando a negócios, seria possível argumentar que ninguém ofereceria essa vantagem, a não ser que ao menos cinco viajantes morressem em média para cada um que retornasse. Isso parece implicar um risco incrível, tendo em vista a quantidade de viagens, tanto de negócios como de passeio, que eram feitas no século XVI.

Mas as probabilidades são explicadas quando consideramos que Puntarvalo, a fim de ganhar, além de voltar precisa trazer consigo esposa e cão. De outro modo, perde a aposta. À medida que a trama da peça se desenvolve, seus riscos tornam-se ainda maiores, pois parece que sua esposa, estando "fora de seu humor", decide

* No original: "Which now we find /Each putter-out of five for one will bring us /Good warrant of." (N.E.)

não ir, e ele, portanto, a substitui pelo gato. Ele pergunta a Carlo: "O que você achou de minha mudança?" E Carlo responde: "Ah, foi para melhor, meu senhor; seu gato tem nove vidas, e sua esposa apenas uma" (Ato III cena I 97).

Puntarvalo chama um tabelião para traçar os detalhes do contrato, que acaba incluindo outras condições. Ele não só perde, se um dos três perecer, como concorda "que por testemunho do desempenho, eu devo trazer um bigode turco, meu cão, os lábios de uma lebre grega, meu gato e a cauda ou rabo de um rato trácio" (Ato IV cena IV 115-6). É óbvio que a transação toda é uma proposta de pura brincadeira, e nada tem a ver com empreendimentos comerciais de verdade. Além disso, não se trata da aposta de um jogador astuto, mas de um estúpido. Na peça, Macilente pergunta: "Quem é aquele ali?" Carlo responde: "Quem? Aquele com barba engomada? É o idiota e obstinado cavalheiro Puntarvalo, homem; vai viajar em breve: ele tem uma cabeça bem complicada; com a breca, ele não tem juízo." "Como assim?", pergunta Macilente. E Carlo: "Ele aposta nos negócios, assim como aposta seu dinheiro na volta de um cão e um gato." No fim, o episódio não dá em nada, pois o cão é envenenado, e a aposta é cancelada.

Alguns dizem que a expressão "*putter-out of five for one*" implica um contrato de seguro.[8] Ela só tem em comum com um seguro o fato de que ambos envolvem um acordo aleatório, mas são absolutamente diferentes tanto no objetivo como na função social. O objetivo do seguro é proteger o segurado contra uma infelicidade que ele está ansioso por evitar, através da difusão do risco entre um grupo de pessoas sujeitas a riscos semelhantes. O interesse, tanto do segurador como do segurado, é evitar o acidente em questão, seja incêndio, naufrágio ou qualquer outro. O contrato de Puntarvalo previa que, em caso de infortúnio, ele perderia tudo o que havia arriscado e só poderia ganhar se voltasse em segurança. Portanto, era do interesse da outra parte impedir seu retorno, ao passo que, no caso de um verdadeiro seguro, é do interesse do segurador promover a boa condição do segurado. Logo, a expressão "*putter-out of five for one*" não joga luz alguma sobre riscos comerciais reais, e Gonzalo, ao usá-la, não tinha em mente um mercador envolvido num comércio legítimo, mas um homem da cidade que viajava com o espírito de um jogador, a fim de alardear suas façanhas quando voltasse.

Muitas das referências de Shakespeare a lugares parecem um tanto fortuitas. Com frequência, parecem ter sido usadas para engordar o diálogo com palavras exóticas e sonoras. Mas, quando alude à vida do marinheiro, ele nos dá fatos. Não há provas de que tenha pessoalmente viajado por mar ou terra (exceto nas pequenas excursões de sua companhia) muito além das duas estradas que levavam de Stratford a Londres, uma por Oxford e High Wycombe, a outra por Banbury e Aylesbury.[9] Mas ele deve ter tido contato frequente com marujos, barqueiros e viajantes de todos os tipos pelo Tâmisa, e sua familiaridade com o mar é evidente. Como diz Laughton: "Em geral, reconheceu-se muito que as referências de Shakespeare ao mar e a vida no oceano são, quase sem exceção, precisas."[10]

É difícil saber onde começar e onde parar nos exemplos desse tópico. Em *A megera domada*, Trânio, fazendo-se passar por Lucentio, lista para Grêmio os diferentes tipos de barcos que oferecerá a Bianca como dote:

Grêmio, é sabido que meu pai possui
Três caravelas, mais dois galeões,
E doze barcos leves. Tudo é dela,
E mais o dobro de sua nova oferta.
(*A megera domada*, Ato II cena I 379s)

Os utensílios e instrumentos da vida no mar proporcionam a Shakespeare muitas figuras do discurso. Em *As alegres comadres de Windsor*, Pistol diz:

A rameira é correio de Cupido.
Ice as velas, ataque; vá à luta!
Atire! Ela é meu butim, se não afunda!
(Ato II cena II 140-2)

A senhora Page fala: "Eu também: se atingir a linha d'água, jamais irei para o mar de novo" (Ato II cena I 95-6). Falstaff recomenda a Robin, "Veleja como a minha caravela, no rumo à Costa do Ouro" (Ato I cena III 89). Em *Os dois cavalheiros de Verona*, Valentino diz que

E eu tão rico, só por ter tal joia,
Quanto dez mares de praias de pérolas,
Água de néctar, e rochas de ouro
(Ato II cena IV 169-71)

Em um de seus sorrisos singulares, Jaques fala que o cérebro do bobo é

Mais seco que biscoito que sobrou
Depois da viagem
(*Como quiserem*, Ato II cena VII 39-40)

Referência semelhante ocorre em *Cimbeline*, quando Póstumo diz:

Nossos covardes, restos em viagem
Longa, trazem vida aos que ora precisam
(Ato V cena III 43s)

O realismo dessas expressões, bem como das cenas de naufrágio em *A tempestade* (Ato I cena I), *Péricles* (Ato II cena I), *Noite de reis* (Ato I cena II 8s), *A comédia dos erros* (Ato I cena I 62s) e *Conto de inverno* (Ato III cena III 84s), será mais bem apreciado por aqueles que sabem o significado de sair nadando à meia-noite de um barco que afunda e comer agradecidamente um pedaço de bolacha dura guardada num barco salva-vidas para essas emergências.

Em *Noite de reis*, o duque nos dá essa imagem vívida em duas linhas:

Ele era capitão de uma barquinha
Sem valor de calado ou tonelagem
(Ato V cena I 57-8)

Otelo recorre a um símile náutico para descrever seu próprio fim quando diz: "Meu caminho acabou, este é o meu fim. É o porto final da minha vela." (*Otelo*, Ato V cena II 267-8). Há muitas descrições náuticas em *Péricles*, como por exemplo:

PÉRICLES: Infante algum foi tão repreendido,
Pelo fogo, por terra, ar e água,
Deixando o útero. Pobre amostrinha!
Desde o início tem perda maior
Que a paga, ganhe aqui o que ganhar.
Que os deuses só a vejam com bons olhos!
(Ato III cena I 32-7)

PRIMEIRO MARINHEIRO: Afrouxe a corda! Mas será possível? Pois sopra até estourar.
(Ato III cena I 43-4)

SEGUNDO MARINHEIRO: Senhor, nós temos no porão um caixão, já bem calafetado com betume, e pronto.
(Ato III cena I 71-2)

Marina: Meu pai nada temia, disse a ama.
Gritava "Bons marujos!", e agarra
Co'as mãos reais as cordas retesadas,
Agarrando-se ao mastro, enfrenta o mar
Que racha o tombadilho.
Leonino: Quando foi isso?
Marina: Quando eu nasci.
Nunca foram as ondas tão violentas;
E da escada de corda varrem longe
Um homem no velame. "Já está indo?"
Diz alguém, e encharcados, todos pulam
De proa a popa; o contramestre apita,
O mestre não controla a confusão.
(Ato IV cena I 53s)

Entre as muitas referências metafóricas ao mar, as seguintes podem ser citadas de *Noite de reis*, *Bom é o que acaba bem* e *Troilus e Créssida*. Em *Noite de reis*, Viola diz: "Não, boa lambazeira; ainda vou flutuar um pouco aqui" (Ato I cena V 217). Lafeu, falando com Parolles, observa: "Mas sua faixa e seus enfeites deram-me várias razões para pôr em dúvida que fosse nave de grande carga" (*Bom é o que acaba bem*, Ato II cena III 213s). Nestor afirma:

... É nas provas do acaso
Que o homem é testado. No mar calmo,
Quantas barquinhas ousam velejar
No paciente seio, e até navegam
Com os de porte mais nobre.
Mas se o mau Bóreas resolve irritar
A gentil Tétis, o que se vê logo
É o casco forte singrar morros líquidos,
Saltando pelos elementos úmidos
Qual Pégaso. E onde está a tal barquinha,
Com casco sem reforço, que inda agora
Rivalizava os grandes? Foi pro porto,
Ou é pão pra Netuno.
(*Troilus e Créssida*, Ato I cena III 33s)

Shakespeare não somente se impressionava com a narrativa das descobertas e da vida no mar, mas estava familiarizado com as mercadorias do comércio. Grêmio, o pretendente de Bianca em *A megera domada*, nos dá em sua oferta de dote a lista de algumas das coisas que os mercadores italianos da época importavam de terras longínquas:

> Primeiro, a minha casa — como sabe —
> É bem fornida de ouro e prataria,
> Jarro e bacia pra lavar as mãos.
> Minhas tapeçarias são de Tiro,
> Em cofres de marfim guardo moedas,
> Em baús de cipreste, ricas colchas.
> Cobertas caras, tendas e dosséis.
> Linho e coxins são bordados de pérolas.
> E as rendas de Veneza são com ouro.
> Tenho estanho, latão, e tudo o mais
> Que uma casa precisa...
> (Ato II cena I 348s)

Há muitas outras referências a mercadorias importadas do exterior. Biron, em *Trabalhos de amor perdidos*, diz:

> Eu cortejo uma esposa!
> Uma mulher qual relógio alemão,
> Sempre em conserto, nunca consertado,
> Precisando controle pra andar certo!
> (Ato III cena I 191-5)

É evidente que Shakespeare tivera alguma experiência com o pequeno "Tick-Tack Uhr" alemão, e a citação mostra que a Alemanha era uma exportadora de relógios, do mesmo modo que a referência de Hamlet ao caviar indica o comércio crescente da Companhia Russa (*Hamlet*, Ato II cena II 457). Coryat, que fez em 1607 uma viagem a pé de mais de 3 mil quilômetros através de França, Alemanha e Itália, e posteriormente visitou o Oriente, dá informações interessantes sobre o relógio alemão:

> A arte de fazer relógios, que no tempo de Carlos Magno foi levada para a Alemanha pela munificência dos embaixadores persas, que naquela época era um grande milagre para nosso povo, o Oriente, e a própria Pérsia que primeiro os deu, tendo agora os recebido de novo das mãos e engenhos dos alemães, os admiram muito, de acordo com o que Augerius nos certificou.[11]

Em *Medida por medida*, o primeiro cavalheiro diz: "É você o veludo, veludo do bom, de fio triplo, concordo; mas prefiro um simples tecido inglês saudável a certo tipo de veludo francês" (Ato I cena II 32-5).

Ao apresentar Autólico, em *Conto de inverno*, como um vendedor ambulante, mendigo e ladrão, Shakespeare dá não menos que quatro listas de suas mercadorias, uma feita por um criado e três pelo próprio mascate. Essas listas contêm, juntas, cerca de 30 artigos diversos, se eliminarmos as duplicatas.

> Criado: Tem fitas de todas as cores do arco-íris; mais entrelaçados do que todos os advogados da Boêmia conseguem resolver com erudição, embora os compre pela grosa; tiras de linho e pra meias, cambraias, linhos: fala e canta de todos como se fossem deuses; todos acabam pensando que uma camisola de menino é uma anja, de tal modo canta o trabalho das mangas e da gola.
> (Ato IV cena IV 205s)
>
> (*Entra* Autólico, *cantando.*)
> Autólico: Linho tão branco como a neve
> Cipreste mais negro que deve,
> Luvas doces de mil matizes.
> Máscaras que cobrem narizes.
> Contas pra pulseira e colar,
> Perfume para todo o lar,
> Peitilhos, coifas bem douradas
> Para se dar às namoradas.
> Co'alfinetes e engomadeiras
> Enfeito as moças inteiras.
> Venha comprar! Venha comprar,
> Rapaz, pra ela não chorar
> (Ato IV cena IV 220s)
>
> Autólico: Não quer comprar sinhá-ninha?
> Ou renda para a bainha?
> Minha patinha querida?
> Quer seda, ou quer fio em peça,
> Quer enfeites pra cabeça,
> Os mais novos desta vida?
> O mascate tudo vende,
> O dinheiro tudo prende,
> É verdade conhecida.
> (Ato IV cena IV 321s)

(AUTÓLICO *entra.*)

AUTÓLICO: Ha, ha, ha! Que idiota é a Honestidade! E seu irmão de fé, Confiança, é um senhor muito simplório! Vendi toda a minha quinquilharia: não sobrou uma pedra falsa, uma fita, um vidro, perfume, caderno, balada, faca, cadarço, luva, laço para sapato, bracelete, anel de osso para matar a fome da minha matilha: brigam para ver quem é o primeiro, como se bobagens fossem santas e abençoassem o comprador: e assim eu via qual a bolsa melhor para roubar, e o que via, que pudesse ajudar, não esquecia.

(Ato IV cena IV 607s)

A batata era um artigo de comércio comparativamente novo na época de Shakespeare. Consta que foi levada para a Inglaterra por sir Francis Drake em 1586. Porém, só muito depois se tornou de cultivo comum. Não obstante, Shakespeare a menciona duas vezes. Em *Troilus e Créssida*, ele diz: "Como o demônio Luxúria, com seu traseiro gordo e seus lascivos dedos de batata, provoca essa dupla!" (Ato V cena II 55). O devasso Falstaff pragueja: "Que do céu chovam batatas" (*As alegres comadres de Windsor*, Ato V cena V 20). A batata de Shakespeare era a batata-doce, que se acreditava possuir propriedades afrodisíacas.

O tabaco foi outra das dádivas da América ao Velho Mundo.[12] O ato de fumar ou beber tabaco, como era chamado, foi introduzido na Europa em 1558 e já era conhecido na Inglaterra em 1586. O hábito tornou-se muito comum, em especial entre a gente elegante, e a ele se referem com frequência os viajantes estrangeiros, como Rathgeb, como Ben Jonson e outros dramaturgos da época. Contudo, não encontramos em Shakespeare nem o tabaco, nem o rapé feito de tabaco, nem tampouco o cachimbo. Portanto, parece justo supor, como o faz Apperson, que "o silêncio absoluto de Shakespeare sobre o tabaco nos proíbe de supor que ele fumava".[13] No entanto, ele se refere a fumar, quando diz em *Rei João*:

Mas mesmo nesta noite, cujo hálito negro venenoso
Já enfumaça a crista flamejante do sol
Velho, fraco e cansado do trabalho diurno.

(Ato V cena IV 33-5)

Não me arriscaria a dizer que Shakespeare estava pensando realmente em tabaco ao escrever essas linhas, mas vale a pena observar que a expressão "hálito negro venenoso" se parece notavelmente com o "vapor negro fedorento" de Counterblaste do rei Jaime.[14] Talvez a expressão tenha sido sugerida pelo panorama do público do Globe Theatre, quando, no final da tarde, ele via a fumaça subindo dos cachimbos dos cortesãos e homens elegantes da plateia. Um fato curioso mostra que a sugestão não é totalmente fantasiosa. Existem duas edições *in quarto* de *Troilus e Créssida*, ambas publicadas em 1609. O texto de ambas é idêntico, mas as páginas de rosto são diferentes, e uma delas tem um prefácio no qual os editores insinuam que a peça é nova. Ao enfatizar essa alegação para atrair o interesse dos leitores, eles dizem: "Não recuse, muito menos por não estar sujo com o hálito enfumaçado da multidão."[15] Essa frase casual, embora não escrita por Shakespeare, dá um retrato, mais realista ainda, por ser inconsciente, da condição da atmosfera em que ele estava acostumado a atuar. Se não serve de prova para a interpretação sugerida acima dos versos de *Rei João*, ela ao menos aumenta sua probabilidade. A expressão "hálito negro contagioso... enfumaça" parece um composto de "vapor negro fedorento" e "hálito enfumaçado da multidão".

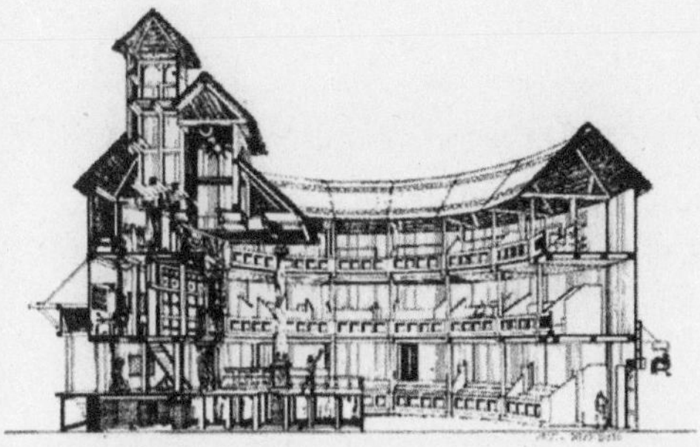

4. A terra e sua fartura

Shakespeare passou sua vida profissional em Londres e, como disse Prothero, era "antes um esportista que um agricultor".[1] Contudo, o lugar em que nasceu não passava de uma aldeia; o campo era de fácil acesso; ele cortejou Anne Hathaway numa típica cabana camponesa; e seu pai, luveiro de profissão,[2] negociava com lã e outros produtos do campo. Desse modo, pôde absorver e armazenar um estoque de informações sobre a vida rural que, tal como seu conhecimento do comércio e da navegação, aparece às vezes em incidentes de suas tramas, às vezes em figuras do discurso e apartes.

Sua familiaridade com plantas e a vida vegetal era ampla. F.G. Savage fez um estudo detalhado desse tema em *Flora and Folk Lore of Shakespeare*, e nos deu não somente os nomes científicos das plantas mencionadas pelo poeta como também as lendas e crenças populares a elas associadas.[3] Eliminando-se duplicações, há cerca de 165 itens indexados nesse livro que se referem a plantas e árvores ou a suas flores e frutos, nozes ou produtos agrícolas. Não é fácil classificá-los do ponto de vista econômico, porque não poucos deles podem ser incluídos em duas categorias diversas, mas será suficiente para nosso propósito dizer que em torno de 2/3 desses itens se referem a plantas que têm um claro valor econômico e comercial.

Nessa categoria está cerca de uma dúzia de cereais, forrageiras e fibras; cerca de 45 legumes, hortaliças e ervas, usadas para tempero, corante, propósitos medicinais ou como "ervas de nariz"; e cerca de 55 árvores e plantas que são úteis graças a suas nozes, frutos, madeira ou sombra.

Além disso, Shakespeare menciona em torno de 16 ervas silvestres que podem ter algum valor, mas que interessam ao economista sobretudo como inimigas da agricultura. Por fim, dá o nome de mais de 30 flores e trepadeiras floríferas e cerca de 14 arbustos e plantas cuja função é duvidosa, como aquelas a que se refere Tamora nestes versos:

> Até os ramos do estio 'stão secando,
> Recobertos de musgos e ervas más
> (*Titus Andronicus*, Ato II cena III 94-5)

Evidentemente há duplicações, como no caso da nogueira e do castanheiro, úteis tanto pela madeira como pelas nozes, e temos cerca de uma dúzia de itens exóticos, alguns dos quais, como o figo, o limão, a laranja e a azeitona, foram cultivados esporadicamente na Inglaterra, mas são em essência artigos de importação. Podemos, portanto, aprender com a flora de Shakespeare quais eram os principais produtos agrícolas da Inglaterra de seu tempo, bem como quais eram os produtos importados de uso comum.

Em muitos casos, flores e plantas são mencionadas por sua beleza ou significado simbólico, como na bela cena de *Conto de inverno* na qual Perdita se faz de anfitriã e distribui flores aos convidados na festa da tosquia das ovelhas. Em outros casos, sua utilidade ou inutilidade econômica é enfatizada. Em *Bom é o que acaba bem*, Lafeu corrige o Bobo por fazer uma classificação errada, neste diálogo:

> Bobo: Verdade senhor, ela era a mangerona da salada, ou antes, a erva da graça.
> Lafeu: Não falo de erva de comida, moleque, mas de erva de cheiro.
> Bobo: Não sou nenhum Nabucodonosor, senhor, não entendo muito de capim. (Ato IV cena V 17s)

Em *Muito barulho por nada*, Margaret utiliza o nome científico do cardo-santo, *Carduus Benedictus*, planta que se supunha ter qualidades medicinais, para fazer um trocadilho com o nome de Benedito.

> Margaret: Pegue um pouco deste *cardus benedictus* destilado e ponha sobre o coração: é o único remédio para a inquietação.
> Hero: Você só espeta seu coração, com um cardo.
> Beatriz: *Benedictus*? Por que *benedictus*? Há alguma moral escondida nesse *benedictus*.

Margaret: Moral? Juro que não há significado nenhum, falei apenas do cardo-santo.
(Ato III cena IV 73s)

Esses trechos quase sugerem que, além de ser poeta, Shakespeare também tinha uma pitada de botânico. Mas ele se interessava mais pelos homens que pelas coisas, e nos apresenta vários retratos resumidos da vida do agricultor e de seu trabalho, suas diversões, a alimentação e as dificuldades daqueles que tiram a subsistência do solo. Um esboço desse tipo encontra-se no quarto ato de *Conto de inverno*, em que entramos como convidados na festa da tosquia das ovelhas, e embora a cena se passe na Boêmia, a Boêmia com costa marinha de Shakespeare não é outra senão a Alegre Inglaterra* do século XVI. A canção de Hiems,[4] no fim de *Trabalhos de amor perdidos*, pinta de forma muito realista alguns dos incidentes da vida rural no inverno.

Quando o gelo faz franja no telhado,
E o pastor, com seu sopro, esquenta a mão,
E enche a casa de lenho rachado,
E o leite até congela no latão,
E gela o sangue, e se imunda o caminho,
quem canta à noite é a coruja no ninho.
"Tu-uit,
Tu-uú", é a canção mais bela
Enquanto Joana mexe sua panela.
Quando assovia o barulho do vento,
E a tosse encobre o canário do cura,
E para o pássaro a neve é um tormento,
E o nariz rubro é cereja madura,
Com o siri frito no pote a chiar,
Canta a coruja à noite sem parar:
"Tu-uit,
Tu-uú", é a canção mais bela
Enquanto Joana mexe sua panela.
(*Trabalhos de amor perdidos*, Ato V cena II 922-39)

* Merry England ou Merrie England: concepção utópica da sociedade e da cultura inglesas, como um cenário idílico pastoril, que prevaleceu entre a Idade Média e a Revolução Industrial. (N.E.)

Nos versos com que Íris invoca Ceres no quarto ato de *A tempestade*, temos praticamente um resumo das principais safras do campo e produtos agrícolas da época de Shakespeare nestas palavras:

> Íris: Fértil Ceres, tua planície cheia
> De feno, trigo, cevada e areia,
> Teus montes verdes, teu carneiro arisco
> Que come e busca teto em seu aprisco,
> Tuas margens, de flores guarnecidas,
> Que abril, sempre molhado, faz sortidas
> Pra coroar as fadas; tua rama,
> Onde se abriga o infeliz que ama
> Sem ter amado; tua vinha podada;
> O mar, a costa estéril e empedrada
> Que te areja — a rainha do céu,
> De quem arco e mensageiro sou eu,
> Ordena-te que os deixes e, com graça,
> Aqui no campo verde desta praça
> Venhas brincar: já voam seus pavões;
> Vem, rica Ceres, dar-lhes diversões.
> (Ato IV cena I 60s)

O quadro é ampliado pela resposta de Ceres, que diz:

> Ceres: Salve arauto de cores que por nada
> Diz não de Júpiter à esposa amada:
> E co'asas de açafrão, nas florezinhas
> Pinga com o mel de uma chuva fininha,
> E que com o arco azul inda coroa
> Meus bosques verdes, minha seca à toa,
> Adorno da terra, por que me chama
> Tua rainha ao verde desta grama?
> (Ato IV cena I 76-83)

A cena na casa do juiz Shallow, no quinto ato de *Henrique IV, parte 2*, embora não trate de processos agrícolas, apresenta em poucas palavras um retrato realista dos vários problemas que enfrentava um juiz de paz que obviamente administrava sua propriedade. O nervoso personagem vê-se perturbado por demandas conflitantes. De um lado, está ansioso por entreter Falstaff, que, com seu exército maltrapilho, é seu convidado de pernoite. De outro, é importunado por seu criado Davy, que, além de exigir uma decisão sobre várias questões práticas, também está aflito por obter o favor do juiz para um de seus amigos envolvido numa questão legal. Nesse conflito de reivindicações, acontece o seguinte diálogo:

> Davy: Pela Virgem, senhor: esses mandados não podem ser cumpridos; e, por outro lado, senhor — vamos plantar trigo vermelho nas terras de reserva?
>
> Shallow: Com trigo vermelho, Davy. Mas quanto a William, o cozinheiro — não temos pombos novos?
>
> Davy: Temos, sim, senhor. E aqui está a conta do ferreiro das ferraduras e a pá do arado.
>
> Shallow: Que ela seja lançada e paga. Sir John, o senhor não será desculpado.
>
> Davy: Escute, senhor, o balde está precisando de corrente nova; e o senhor pretende reter alguma coisa do salário de William por causa daquele vinho que ele perdeu no outro dia na feira de Hinskley?
>
> Shallow: Eu já respondo. Uns pombos, Davy, um par de galinhas de perna curta, um pernil de cordeiro, e mais umas quelquechoses bonitinhas, vá dizer ao William.
>
> (*2 Henrique IV*, Ato V cena I 14s)

Uma frase é significativa com referência à apresentação da conta do ferreiro por ferraduras e ferros de arado. Quando Shallow diz "que ela seja lançada e paga", está usando uma expressão que sugere o uso de contas (pequenas peças) para realizar operações aritméticas. Esse tema será desenvolvido no Capítulo 5.

As alusões de Shakespeare ao negócio real da agricultura são, no conjunto, um tanto superficiais. Em sua época, a atividade rural era ainda mais conservadora que agora, e havia, comparativamente, pouca especialização. Contudo, suas referências, por mais fortuitas, cobrem um campo considerável e nos dão indícios do trabalho de leiteria, fruticultura, de melhoria de plantas por seleção artificial e enxerto e dos diferentes ramos da indústria animal. Ele também pinta um quadro trágico dos inimigos da agricultura, como ervas daninhas e a guerra, e alude, embora de forma muito breve, ao cercamento dos campos, um dos grandes problemas fundiários de sua época.

Shakespeare estava obviamente familiarizado com o trabalho de rotina que chamamos agora de *chores* [tarefas domésticas], pois usa a palavra duas vezes, embora com grafia levemente distinta. E, por estranho que pareça, em ambos os casos a põe na boca de Cleópatra, que diz:

Sou só uma mulher e sujeitada
Às mesquinhas paixões da que ordenha
Ou faz tarefas vis.*
(*Antônio e Cleópatra*, Ato IV cena XV 73s)

E de novo:

(Nobre Charmiana, agora temos pressa),
E feita esta tarefa, tens licença
Pra brincar: traga também a coroa.
(Ato V cena II 230s)

O fato de que boa parte do trabalho mencionado acima em *Antônio e Cleópatra* fosse feito por mulheres, e ainda o seja na maioria dos países europeus, é também sugerido pela seguinte observação do Bobo em *Conto de inverno*:

Não há mais vergonha entre as moças? Usam suas bolsas onde deviam ter os rostos? Não há hora para ordenhar, quando irão se deitar, ou futricar junto ao forno, para sussurrar segredos, em lugar de ficar falando na frente dos nossos convidados? Vamos acabar com os sussurros; calem essas bocas, e nem mais uma só palavra.
(*Conto de inverno*, Ato IV cena IV 243s)

Outro retrato do trabalho delas é feito em *Sonho de uma noite de verão* pela Fada, que diz:

.... Não é o canalha
Que espanta as moças e que o leite coalha,
Mete-se no pilão e na moenda,
Põe ranço na manteiga da fazenda.
(Ato II cena I 34-7)

Além dessas referências aos processos agrícolas vistos de forma mais geral, Shakespeare lança luz sobre os cuidados com produtos específicos como frutas, gado, ovelhas, mel e peixes. Ele menciona maçã duas vezes. O juiz Shallow gostava evidentemente desse fruto, pois diz a Falstaff: "Não, o senhor há de ver o meu pomar, onde, em um caramanchão, haveremos de comer as maçãs do inverno, que eu mesmo enxertei"

* No original: "And does the meanest chores." (N.E.)

(*2 Henrique IV*, Ato V cena III 1s). Sir Hugo Evans também gostava delas, pois fala: "estão vindo umas maçãs com queijo" (*As alegres comadres de Windsor*, Ato I cena II). A pera de Warden é mencionada como um ingrediente das tortas de Warden em *Conto de inverno* (Ato IV cena III 48s).[5] O nome vinha da abadia cisterciense de Warden, em Bedfordshire. Outra pera bem conhecida era a Poperin, ou pera belga, mencionada em conexão com a nêspera em *Romeu e Julieta*, quando Mercúcio diz:

Amor que é cego não acerta o alvo.
Ele vai se encostar numa ameixeira.
Querer que a amada seja fruta igual
A que faz rirem, em segredo, as moças.
E quase sempre chamam-na de ameixa.
Ai, Romeu, ai. Se ao menos ela fosse
Uma ameixa, e você pera pontuda!
(Ato II cena I 33-8)

A nêspera também dá a Shakespeare a oportunidade de fazer um de seus inevitáveis trocadilhos nesta cena de *Como quiserem*:

Rosalinda: Quieto, Bobo tonto! Encontrei-os numa árvore.
Bobo: Uma árvore que dá frutos muito ruins.
Rosalinda: Vou enxertá-la em você, e ela ficará enxertada com mexericas. E serão as primeiras frutas do campo; pois você há de apodrecer antes de estar maduro, que é o que acontece a todo mexeriqueiro.*
(Ato III cena II 121s)

O Ator Rei, em *Hamlet*, traz um fato comum da fruticultura quando diz:

Intenções são escravas da memória;
São fortes, mas têm vida transitória;
Qual fruto verde que se ostenta, duro,
E há de cair quando ficar maduro.
(Ato III cena II 198s)

Referências presentes em *Trabalhos de amor perdidos* e *Medida por medida* jogam luz sobre o planejamento das propriedades aristocráticas. Na primeira, o rei

* No original, o trocadilho é entre *medlar* (nêspera) e *meddler* (metido, mexeriqueiro), daí a substituição por mexerica em português. (N.E.)

diz: "Mas quanto ao lugar onde: ele se posta a nor-nordeste e a leste do canto oeste de vosso curioso jardim de labirinto" (Ato I cena I 247s). Isabela está obviamente descrevendo uma cena real quando fala:

Ele tem um jardim de muros altos,
Que dá para um vinhedo, pelo oeste.
Há um portão no meio das videiras,
Que é aberto com esta grande chave.
Esta outra é pra porta pequena
Que passa do vinhedo pro jardim.
(*Medida por medida*, Ato IV cena I 28s)

Prothero explica que o pomar ficava geralmente no lado nordeste do terreno pela proteção que suas árvores davam ao jardim. A expressão "curioso jardim de labirinto" refere-se ao costume de plantá-los segundo desenhos muito elaborados. Alguns deles são reproduzidos no livro de Prothero.[6]

Há uma riqueza de detalhes no que diz respeito aos cuidados com um pomar na cena entre o jardineiro e seu ajudante, em *Ricardo II*:

JARDINEIRO: Prende aquele abricó que se balança,
E, criança travessa, obriga o pai
A curvar o seu peso exagerado
Pra sustentar os galhos recurvados.
Vai lá, e qual carrasco
Corta a cabeça dos galhos crescidos
Que pareçam demais para o conjunto:
Tem de ser tudo qual nosso governo.
Se tratares disso eu vou arrancar
As más ervas que sugam, sem proveito,
O solo fértil das flores saudáveis.
AJUDANTE: Por que devemos, em nosso terreno,
Manter a ordem, forma e proporção,
Mostrando, qual modelo, um estado firme,
Se em nossa terra, cercada por mar,
Pululam ervas, sufocam as flores,
Não se podam pomares e nem sebes,
Desmancham-se os canteiros, e ervas boas
'Stão cheias de lagartas?

Jardineiro: Fica quieto.
Quem permitiu o caos na primavera
Vê a si mesmo caindo no outono.
As ervas que abrigou o seu copado,
Que o comiam, com ar de sustentá-lo,
Bolingbroke arrancou pela raiz...
Falo do conde Wiltshire, Bushy, Greene.
Ajudante: O quê, 'stão mortos?
Jardineiro: 'Stão, e Bolingbroke
Prendeu o rei esbanjador. Que pena
Que ele não cuidasse de sua terra
Como nós do jardim! Nós, quando é hora,
Podamos bem as árvores frutíferas,
Pra que não exagerem seiva e sangue,
E por ricas demais resultem mal.
Se ele o fizesse aos grandes e aos que crescem,
Talvez vivesse para dar, e ele provar,
Os frutos do dever. Galhos inúteis
Cortamos, pra que os férteis sobrevivam.
Fazendo assim inda usava a coroa,
Que perdeu por gastá-la aí, à toa.
(*Ricardo II*, Ato III cena IV 29s)

As referências à poda de árvores, à destruição de ervas daninhas, às "ervas boas ... cheias de lagartas" são especialmente significativas. O duque de Albany, em *Rei Lear*, alude ao efeito da má cirurgia de uma árvore quando diz:

. . . Temo os seus humores;
A natureza que renega a origem,
Não consegue ficar em seus limites;
Aquela que por si corta o seu galho
Da seiva viva acaba ressecando
E tendo uso letal.
(Ato IV cena II 31s)

Em *Bom é o que acaba bem*, a condessa parece referir-se à seleção artificial nestas palavras:

muitas vezes
Lutam a adoção e a natureza
Pra tornar nossas sementes alheias
(Ato I cena III 150s)

Políxenes dá um tom mais filosófico quando diz:

Talvez;
Porém se altera a natureza com meios
Que a natureza cria; essa arte
Que diz embelezar a natureza,
A natureza faz. Quando casamos
Herdeiro nobre com cepo mais bruto,
Fazemos casca que nasceu selvagem
Conceber flor mais nobre. É uma arte
Que corrige a natureza — ou a muda —
Com artes da natureza.
(*Conto de inverno*, Ato IV cena IV 89s)

Em relação a esse trecho, diz sir William T. Thiselton-Dyer: "Trata-se da percepção de um gênio consumado. Não somos mais deixados de lado no ambiente, mas face a face com a verdade de que a natureza contém o segredo de sua própria evolução."[7]

A criação de animais é uma parte importante da atividade rural. E ainda mais quando, comparativamente, poucos alimentos eram produzidos para exportação, e cada fazenda, ou pelo menos cada aldeia, era autossuficiente nas coisas essenciais. Os animais eram necessários para a alimentação e para fornecer adubo. A carne de gado, em particular, sempre foi a base da dieta inglesa.[8] Portanto, Grêmio, o rico pretendente de Bianca, achava que estava fazendo um apelo irresistível não somente ao jactar-se de sua rica mobília importada mas também ao acrescentar que

na fazenda,
Tenho cem vacas só pra leite e queijo;
Estabulados, cento e vinte bois;
E tudo o mais que complete um tal dote.
(*A megera domada*, Ato II cena I 358-61)

E Worcester podia pronunciar uma advertência vigorosa contra os riscos da traição com este símile:

Pareçamos nós tristes ou alegres,
Seremos sempre mal interpretados,
E engordados qual gado estabulado
Seremos preparados pra morrer.
(*1 Henrique IV*, Ato V cena II 12-5)

Não encontramos muita coisa sobre porcos em Shakespeare, exceto no sentido figurativo, mas quem for dono de fazenda apreciará o humor de Falstaff quando ele declara: "Eu caminho aqui na sua frente como uma porca que matou toda a sua barrigada menos um" (*2 Henrique IV*, Ato I cena II 12s).

As ovelhas eram particularmente importantes no campo em termos de criação porque a lã era um dos principais itens de exportação, e as referências e esse ramo de atividade são numerosas. Um trecho significativo de história econômica está condensado num gracejo de *Trabalhos de amor perdidos*, quando Rosalina fala, em tradução literal, "melhor espírito têm os que usam bonés estatutários" (Ato V cena II 281). Ela quer dizer que as pessoas que deviam usar *statute caps* [bonés estatutários], e que pertenciam, portanto, à classe média, tinham mais requinte que os aristocratas com quem convivia.[9] O termo *statute caps* vinha de uma lei de 1571 (Elisabeth, c.19), que obrigava todas as pessoas de mais de seis anos, com certas exceções que favoreciam as classes altas, a usar bonés de lã aos domingos e dias santos. O principal objetivo da lei era proteger os fabricantes de gorros e bonés contra a importação de bonés de feltro estrangeiros, mas indiretamente ajudava os criadores de ovelhas. Shakespeare talvez tivesse um motivo pessoal para essa alusão aos bonés obrigatórios.[10] Seu tio Henry Shakespeare, de Snitterfield, foi multado em 1583 porque se recusara a usar um boné de tecido aos domingos.

Pode ser mera casualidade, mas vale a pena destacar que são muito mais comuns as referências de Shakespeare à criação de ovelhas do que a outras atividades rurais. A palavra pastor ocorre 61 vezes; pastora, cinco vezes. Os pastores desempenham um papel preeminente em várias de suas peças. Em *Henrique VI, parte 1*, temos Joana d'Arc e seu pai representando a classe dos pastores. Seu pai tem pouco a dizer, e La Pucelle desempenha no drama sua parte histórica de libertadora da França e mártir. Contudo, ela faz esta bela, embora curta, referência a seu trabalho de pastora no início da peça:

PUCELLE: Delfim, de nascimento sou pastora,
Sem instrução alguma em qualquer arte.
Mas quiseram o céu e nossa Senhora
Iluminar minha pobre humildade.
Enquanto guardava minhas ovelhas,
Meu rosto expondo ao sol abrasador,
A mãe de Deus dignou-se a visitar-me
Numa visão cheia de majestade.
Mandou-me abandonar o baixo ofício
E da calamidade a pátria livrar;
Prometeu-me ajuda e sucesso certo.
Em toda a sua glória revelou-se;
E vendo que eu era escura e trigueira,
Com raios luminosos infundiu-me
A beleza abençoada que ora vês.
(*1 Henrique VI*, Ato I cena II 72s)

Além dessa cena histórica, Shakespeare nos dá em suas comédias retratos bastante individualizados de cinco tipos de pastores. O velho pastor de *Conto de inverno*, pai de criação de Perdita, é evidentemente um proprietário de terras que tem seu próprio estabelecimento e abastado o bastante para adotar uma criança, e também para celebrar a tosquia anual das ovelhas com uma festa esmerada. Nessa peça, o Bobo é seu filho, e nos mostra incidentalmente que seu pai deve ter uma boa renda, pois dispõe da lã de 1.500 ovelhas para vender, como veremos adiante.

Em *Como quiserem*, há um pastor contratado na pessoa de Corin, um homem de personalidade e independência que delineia seu próprio caráter com estas frases: "CORIN: Senhor, eu sou só um trabalhador; alegro-me com o bem dos outros, me contento com meus males; e meu maior orgulho é ver minhas ovelhas pastarem e meus carneirinhos mamarem" (*Como quiserem*, Ato III cena II 77s). Corin é bastante capaz para se garantir contra Touchstone quando este tenta exibir sua esperteza urbana à custa do campônio simples nessa disputa de espírito e troça:

CORIN: ...Você diz que na corte as pessoas não se saúdam, mas beijam as mãos; isso no campo seria falta de higiene, se os cortesãos fossem pastores.

BOBO: Exemplos, rápido; vamos, exemplos.

CORIN: Nós estamos sempre lidando com nossos carneiros, e as peles dos carneiros são gordurosas.

Bobo: Ora, e as mãos dos cortesãos não suam? E a gordura do carneiro não é tão saudável quanto o suor de um homem? Exemplo melhor, vamos.
Corin: Além disso, nossas mãos são grossas.
Bobo: Os lábios as sentirão melhor. Muito superficial, de novo. Quero exemplo mais sólido.
Corin: Elas estão muitas vezes alcatroadas com as cirurgias de nossos carneiros; quem gosta de beijar mãos sujas com alcatrão? As mãos do cortesão são perfumadas com almíscar.
(*Como quiserem*, Ato III cena II 48s)

Sílvio é outro pastor, mas desempenha apenas o papel de um campônio doente de amor e, afora divertir um pouco a plateia, serve principalmente para completar a conta dos quatro noivos que ficam felizes no fim da peça. Pouco do que diz lança alguma luz sobre seu trabalho. Mas o dono da fazenda que Rosalinda compra, o "velho campônio" (*Como quiserem*, Ato III cena V 108), como Sílvio o chama, é descrito por Corin em termos tais que parece um personagem muito real, embora não tenha falas na peça. Trata-se claramente de um camponês sovina, parcimonioso, que serve de contraste a Corin, homem de disposição generosa e que, quando lhe pedem para ajudar a bela Rosalinda, disfarçada de homem, de gibão e calças justas, e sua companheira Célia, nos dá esse retrato de seu patrão:

E dá pena, senhor,
E quero, pro bem dela e para o meu,
Tivesse eu mais fortuna pr'ajudá-la.
Mas sou pastor que serve um outro homem;
Nem tenho as peles que aqui pastoreio.
Meu amo tem disposição azeda,
E não procura o caminho do céu
Por ser hospitaleiro.
Mas seu pombal, rebanho e até pastos
Estão à venda, e em nosso aprisco,
Devido à sua ausência, não há nada
Que os alimente. O que há, podem ver,
E, em tudo o que me cabe, são bem-vindos.
(*Como quiserem*, Ato II cena IV 75s)

Nesses cinco pastores, dos quais três aparecem em *Como quiserem* e dois em *Conto de inverno*, Shakespeare pinta retratos bastante individualizados de certos tipos. Em *Conto de inverno*, ele introduz também um dos problemas práticos da criação de ovelhas e lança luz sobre o preço da lã e o peso do tosão. O problema é apresentado nessas palavras do Cômico, que está encarregado de vender a safra de lã e providenciar os materiais para a festa da tosquia:

> CÔMICO: Deixa eu ver: cada 11 carneiros, 28 libras; cada 28 libras dá uma libra e uns xelins; tosquiamos 1.500, quanto vai dar a lã?
> AUTÓLICO (*à parte*): Se o laço aguentar, o frango é meu.
> CÔMICO: Sem um contador, não acerto.*
> (*Conto de inverno*, Ato IV cena III 33s)

Não admira que não possa fazê-lo sem contas, quando ilustres autores modernos chegam a diferentes conclusões ao tentar resolver o mesmo problema. Unwin raciocina que "o preço médio da lã em Eton, para os anos 1572-82 (quando Shakespeare era um menino em Stratford), era de 20 xelins e 9 pence por *tod* de 28 libras. Onze ovelhas para um *tod* dariam um tosão de duas libras e meia".[11] Ao preço citado, cada tosão valeria cerca de dois xelins, e a safra total de lã renderia em torno de 143 libras esterlinas e quatro xelins. Unwin argumenta que o poeta encontrava bons motivos para ter um conhecimento exato desse tema graças às ocupações atribuídas a seu pai, que eram as de açougueiro, luveiro e classificador de lã. Essa opinião é confirmada pelo fato de que, em *A Briefe Conceipt of English Pollicy*, publicado em 1581, ficamos sabendo que o *tod* valia de 20 a 22 xelins.[12] O preço dado pelo Cômico é exatamente a média entre essas duas estimativas.

Prothero, por outro lado, diz que, "segundo uma estimativa da época (1602), um carneiro castrado pesava de 40 a 60 libras; o tosão pesava de quatro a seis libras, e a lã valia cerca de 12 pence a libra".[13] De acordo com essa afirmação, cada tosão, a um xelim por libra, valeria de quatro a seis xelins, ou duas a três vezes mais a estimativa de Unwin. A diferença entre os dois cálculos pode ser atribuída ao fato de que um dos estudiosos tomou o preço da lã e o peso do tosão da época da infância de Shakespeare, ao passo que o outro usou dados de quando ele escrevia a peça.

Recentemente, lançaram-se novas luzes sobre o tema da lã graças a interessante descoberta do professor Leslie Hotson. Em carta ao *London Times* de 22 de novembro de 1930, ele descreve uma ação judicial promovida por John Shakespeare, o pai do poeta, nestes termos:

---

* No original, "I cannot do't without counters [contas]." (N.E.)

John Shakespeare, por intermédio de seu advogado William Court, processa John Walford, proprietário rural, de Marlborough, Wiltshire, por uma dívida de £ 21, alegando que, em 4 de novembro de 1568, em Stratford-on-Avon, Walford comprou 21 *tods* de lã dele por £ 21, pagáveis a vista. Walford jamais pagou, e Shakespeare exige seu dinheiro e £ 10 de indenização. Em resposta, Walford, por intermédio de seu advogado Stephen Henchman, nega que deva qualquer coisa a Shakespeare e está pronto a provar sua afirmação. O tribunal ordena que Henchman traga seu cliente Walford em 25 de outubro de 1599 para mais um interrogatório sobre o caso.

Temos aqui uma prova adicional de que, embora fosse fraco em aritmética mental, o cômico de Shakespeare sabia o preço da lã. A taxa de 21 xelins por *tod* era, com certeza, um xelim mais alta que o preço estabelecido em 1568 pelo pai de Shakespeare, mas era a mesma que prevalecia na época de Adam Smith. Em *A riqueza das nações*, publicado em 1776, o grande economista diz: "Nos tempos atuais, 21 xelins por *tod* pode ser considerado um bom preço por uma lã inglesa muito boa."

Em *Os dois cavalheiros de Verona* (Ato I cena I), a criação de ovelhas fornece a Shakespeare material para uma perfeita orgia de trocadilhos. Não cabe citá-los, já que nada têm a ver com economia, mas mostram o quanto o poeta pensava em ovelhas, tal como também o faz nesta alusão de Tersites: "Antes ser uma pulga em carneiro que um tal valentão ignorante" (*Troilus e Créssida*, Ato III cena III 315-7).

Shakespeare refere-se com frequência a abelhas e mel. A palavra "abelha" ocorre 14 vezes, e encontramos não menos de 35 referências ao mel, às vezes usado como substantivo, às vezes como adjetivo, outras como expressão de carinho. Muitas das alusões às abelhas relacionam-se a seu ferrão, à indústria das operárias, à indolência dos zangões ou a outras qualidades que foram tema de poetas e moralistas durante séculos. Não é necessário citá-las, mas há algumas que implicam um verdadeiro conhecimento da apicultura. Entre elas estão as seguintes:

Rei: Já que não trago mais nem mel nem cera,
Devo sumir depressa da colmeia,
Dar vez a quem trabalha.
(*Bom é o que acaba bem*, Ato I cena II 65s)

Talbot: as abelhas com fumo e pombas com fedor
De colmeia e pombal são espantados.
(*1 Henrique VI*, Ato I cena V 23-4)

Warwick: Tal como uma colmeia de abelhas irritadas,
O povo sem líder corre sem direção, não
Importando quem possam picar em represália.
(*2 Henrique VI*, Ato III cena II 125s)

Rei: Pra isso arrebanharam e empilharam
Montes corruptos de ouro até mal ganho;
Pra isso, cuidadosos, instruíram
Os seus filhos nas artes e nas armas;
Quando como a abelha das flores
Tira as doces virtudes,
Bem carregados de cera e de mel
Voltamos à colmeia; e, como a abelha,
Somos mortos por isso. O gosto amargo
Só traz mais peso para o pai que acaba.
(*2 Henrique IV*, Ato IV cena V 71-80)

A referência mais detalhada à economia das abelhas encontra-se nestas palavras do arcebispo de Cantuária, em *Henrique V*:

E é por isso que o céu
Divide o ser humano por funções,
Cujas ações compõem perene busca
A que se prende, como alvo ou fim,
A obediência; assim faz a abelha,
O ser que a natureza tem por norma
Para ensinar a ordem às nações.
Elas têm rei, e certos funcionários;
Há magistrados pra ordem doméstica,
Há mercadores que se arriscam fora,
Há soldados, armados com ferrões,
Que vão pilhar botões em pleno estio,
Cujo sangue carregam com alegria
Para a tenda de seu imperador.
Este, ocupado em sua majestade,
Olha os pedreiros e seus tetos de ouro,
Os cidadãos que preparam o mel,
A chegada dos pobres que carregam

Até a estreita porta a grande carga,
O juiz triste, sempre ranzinzando,
Que entrega a algum carrasco, branco e pálido,
O zangão preguiçoso.
(Ato I cena II 184s)

Os três últimos trechos considerados em conjunto têm uma notável massa de informações sobre a vida das abelhas, e cada um deles suplementa os outros em alguns detalhes. O apicultor moderno talvez se surpreenda com o fato de Shakespeare usar as palavras "rei" e "imperador" ao falar da abelha-rainha, cuja função principal é pôr ovos. Não encontro justificativa para o uso da palavra *emperor*; talvez a substituísse "rei" porque o metro exigia uma palavra de três sílabas. Mas os antigos achavam que a rainha era macho. Os romanos a chamavam de *apum rex*. Chaucer, Lyly e outros escritores ingleses até o século XVIII falavam de "abelha-rei".[14] Neste particular, Shakespeare simplesmente refletia o uso comum de sua época, e o que ele diz indica que se conhecia muito pouco sobre o processo reprodutivo das abelhas. Há somente uma alusão a esse aspecto da vida das abelhas, nesta frase de *Henrique IV, parte 2*:

É rara a abelha que deixa seu favo
Numa carcaça.
(Ato IV cena IV 79-80)[15]

Trata-se de uma referência à crença comum em seu tempo de que as abelhas eram geradas na carcaça de um touro, e quando diz que isso era raro, parece estar implícito que em seu entendimento não se tratava de coisa normal.

Na maioria dos trechos citados, Shakespeare enfatiza a vida econômica da abelha, distinguindo-a de sua genética, e trata-a com um conhecimento claro. O número de itens diferentes que introduz e que dizem respeito à apicultura é bastante notável. A extração do mel das flores, a aderência da cera à pata da abelha, ao extermínio dos zangões depois de exercida a função social que justifica sua existência são fatos familiares. A pilhagem dos "botões em pleno estio" parece referir-se à coleta da própolis, que não é obtido das flores abertas, como o néctar, mas dos brotos de folhas, e é usado para untar o interior da colmeia – construir os "tetos de ouro" – e protegê-la de correntes de ar e germes. A "tenda do imperador" é obviamente a colmeia tradicional em forma de cúpula ainda usada na Inglaterra, bem diferente da forma retangular das colmeias modernas. Esses aspectos da vida das abelhas são citados por Shakespeare como uma ilustração de fatos econômicos. No trecho de *Henrique IV*, são aplicados à herança de propriedades. No trecho de *Henrique V*, retratam a divisão do trabalho na comunidade.

A silvicultura científica era desconhecida na época de Shakespeare. Possivelmente aplicava-se menos ciência à atividade madeireira do que à agricultura, e a Inglaterra ainda era um país de florestas densas, como o Leste dos Estados Unidos há um século. Contudo, Shakespeare demonstra algum conhecimento sobre a vida das árvores na seguinte referência ao plano de Wolsey, de aplicar um imposto sobre o capital de cada súdito igual a 1/6 de suas propriedades.

> Rei: ... A sexta parte de cada?
> Que imposto apavorante! É como se tirássemos
> De cada árvore a copa, a casca e parte do tronco;
> E embora deixássemos a raiz, mutilada assim,
> O ar absorverá a seiva...
> (*Henrique VIII*, Ato I cena II 94s)

Em *Titus Andronicus*, há o uso um tanto enigmático de termos agrícolas no trecho:

> Demetrius: Pare, senhora, ela tem mais para dar;
> De milho debulhado queima a palha.
> (Ato II cena III 123-4)

Para Prothero, queimar a palha indica um método agrícola destrutivo,[16] mas, naquele tempo, quando acontecia uma colheita muito grande de trigo e centeio e não havia como chegar a um mercado, talvez fosse mais vantajoso queimar a palha do que utilizá-la de alguma outra maneira, apesar do uso comum de telhados de sapé. Atualmente, nas grandes fazendas de trigo do Oeste norte-americano, por vezes queima-se a palha para se livrar dela.

Chamam muito a atenção algumas alusões de Shakespeare aos efeitos da negligência ou da guerra sobre a agricultura. Hamlet refere-se a esse tema nas palavras:

> Que horror! São qual jardins abandonados
> Em que só o que é mau na natureza
> Brota e germina.
> (*Hamlet*, Ato I cena II 135-7)

Mais adiante, ele diz:

Evita os males
Que virão e não ponhas mais estrume
Nas ervas más.
(Ato III cena IV 150-2)

Há o mesmo tipo de imagem em *Antônio e Cleópatra*, quando César, instando Antônio a abandonar sua vida de autocomplacência, diz:

Marco Antônio,
Larga tuas farras! Quando foste outrora
Vencido em Modena, onde mataste
Hirtius e Pansa, seguiu teus passos
A fome contra a qual lutaste,
Em vida estranha à tua, com paciência
Maior que a dos selvagens. Tu bebias
Água de poça, urina de cavalo,*
Que engasgavam bestas. E até comias
Frutos grosseiros de sebes sem trato.
(Ato I cena IV 55s)

Se indicam ou não, como diz Prothero,[17] os restos de esterco, o fato é que as palavras *gilded puddle* dão certamente a imagem vívida de uma cena comum da vida no campo.

Em *Rei Lear*, encontramos também algumas referências trágicas ao mau cuidado das lavouras. Veja-se, por exemplo, este trecho:

CORDÉLIA: Ai, ai, é ele: acaba de ser achado
Louco como o mar revolto; cantando;
Coroado com vis ervas daninhas,
Com cicuta, agrião-bravo e urtiga,
Cizânia e todo o joio que se espalha
No trigo que comemos.
(*Rei Lear*, Ato IV cena IV 1s)

* No original: "The stale of horses, and the gilded puddle." (N.E.)

Note-se, na mesma peça, esta imagem impressionante:

CORDÉLIA: ...mas vós, pobre pai,
Tivestes de pousar em rude palha,
Abandonado com vilões e porcos.
(Ato IV cena VII 38-40)

A descrição feita pelo duque de Borgonha do efeito destruidor da guerra sobre a agricultura é uma das obras-primas de Shakespeare:

... não creio ser vergonha
Indagar, ante tanto olhar real,
Que obstáculo ou barreira existe agora
Pra que a paz, pobre, nua e ultrajada
Que cria as artes, a fartura e a vida,
Não deva, no melhor jardim do mundo,
A fértil França, plantar seu semblante?
Ai, ai, faz tanto tempo que ela foi banida
Que sementes e campos, em monturos,
Corrompem, tornam podre, o que era fértil.
As vinhas, que alegravam corações,
Morrem à míngua, enquanto cercas vivas,
Quais prisioneiros com o cabelo imenso,
Brotam quase loucas, e na terra ociosa
Joio e cicuta, com a erva daninha,
Botam raízes enquanto, enferrujado,
Jaz sem livrar-nos deles nosso arado.
O doce prado que floria outrora
Com a prímula pintada e a pimpinela,
Sem foice pra contê-lo, hoje pulula,
Procria louco, e nele nada vinga
A não ser cardo, ouriço ou carrapicho,
Sem beleza ou usança.
(*Henrique V*, Ato V cena II 33s)

Em *Sonho de uma noite de verão*, Shakespeare nos faz também um retrato das perdas em virtude das chuvas excessivas, no seguinte trecho:

Titânia: Por isso os ventos, que em vão cantavam,
Por vingança assopraram, lá dos mares,
Miasma doentio que, na terra,
Inchou de orgulho todos os riachos
E os transbordou pra fora de seus leitos.
Por isso os bois em vão fizeram força,
E só perda alcançou o lavrador
Quando suou no arado; e o milho verde
Apodreceu sem ver crescida a barba;
O aprisco sob as águas 'stá vazio
E os gaviões comem ovelhas mortas;
As sementeiras 'stão cheias de lama
E os labirintos, que eram riscos verdes,
Sem ter cuidados, nem se enxergam mais;
As gentes têm inverno sem ter festas,
As noites não têm música nem bênçãos.
Por isso a lua, que governa as águas,
Branca de fúria, inundou os ares
Com enxurradas de catarro enfermo;
E desse destempero as estações
Se alteram, e a geada toda branca
Pinga o vermelho do botão da rosa,
Enquanto que nos cumes mais gelados
A ironia coloca uma guirlanda
De flores perfumadas. Primavera,
Verão, o morno outono e o triste inverno
Trocam-se as roupas, e um mundo atônito
Não os distingue, nessa confusão.
(Ato II cena I 88s)

Há motivo para acreditar que Shakespeare se refere aqui à estação especialmente chuvosa que efetivamente aconteceu em 1594,[18] a qual está descrita nas seguintes palavras dos *Annals* de Stowe:

(36 Elis. A.D. 1594.) Este ano no mês de maio caíram muitos aguaceiros de chuva, mas, nos meses de junho e julho, muito mais: pois choveu comumente todos os dias ou noites, até o dia de são Jaime, e dois dias depois, muito extremadamente, e não obstante tudo isso, no mês de agosto seguiu-se uma colheita razoável; mas

> no mês de setembro caíram grandes chuvas, que elevaram muito as águas, de tal modo que prenderam as carruagens e cobriram pontes, em Cambridge, Ware e alhures, em muitos lugares. Também o preço dos grãos subiu tanto que um *strike* ou alqueire de centeio era vendido por cinco xelins, um alqueire de trigo a seis, sete ou oito xelins etc., pois ainda aumentou em preço.[19]

Ao verão chuvoso de 1594 seguiram-se dois outros semelhantes, e, por conseguinte, houve escassez de grãos de todos os tipos, acompanhada de pobreza e insatisfação. "A situação agravou-se com o açambarcamento e sonegação de milho – isto é, segurar suprimentos em grande quantidade para provocar um aumento de preço e comprar direto dos agricultores, em vez de no mercado aberto; e pelo uso excessivo de cevada para o malte." A situação é descrita em detalhes por Chambers.[20] O Conselho Privado tentou aliviar o sofrimento exigindo que os estoques excessivos fossem vendidos no mercado aberto e exortando os chefes de família a fazer uma declaração das quantias que tinham estocado. Shakespeare, tendo comprado a New Place em 1597, aparece numa lista de 1598 como possuidor de dez quartos, presumivelmente de malte, de acordo com Chambers. O poeta, portanto, tinha motivos pessoais para estar bem informado sobre os efeitos do mau tempo.

Lagos piscosos eram característica comum das propriedades rurais, em parte pela dificuldade de preservar a carne no inverno, em parte pelos muitos dias de jejum impostos pela Igreja católica. Esse fato explica as palavras de Leontes em *Conto de inverno*:

> E muito homem (até mesmo agora,
> Enquanto falo) dá o braço à esposa
> Sem saber que, na ausência, ela molhou-se,
> E que o vizinho pescou em lago seu...
> (Ato I cena II 192s)

Na época de Shakespeare, a agricultura, como já dissemos, era conservadora, e havia poucas mudanças nos processos de cultivo. Nada neles era questionado. A Inglaterra ainda teria de esperar dois séculos para que um Arthur Young introduzisse métodos mais científicos. Mas a propriedade da terra era objeto de uma viva discussão, estreitamente ligada à criação de ovelhas.

O país passava de um sistema no qual grande parte de cada domínio era de posse comum para outro, em que ele seria propriedade privada; de um sistema em que os campos comuns de cada pequena comunidade agrícola ou domínio feudal eram divididos num grande número de pequenas posses, para o sistema pelo qual seriam cultivados em unidades maiores. A mudança foi levada a cabo por meio de *enclosures* [cercamentos]. O sistema feudal, com sua multiplicidade de sistemas de posse, ainda não acabara, mas estava em processo de transformação. Há referências ocasionais a isso em Shakespeare. Por exemplo, em *Ricardo II*, a rainha diz:

> Pode ser, porém ideias nascem
> De alguma dor antiga, não as minhas,
> Pois o nada gerou as minhas dores,
> Ou gerou algo o nada que me dói.
> É o contrário o que me possui.
> (Ato II cena II 34-8)

O efeito do sistema de primogenitura é mostrado nas relações existentes entre Oliver e Orlando, em que o filho mais moço nada recebe de seu pai, exceto sua educação, e ainda por cima ruim. Macduff tem em mente uma fase da propriedade da terra quando diz:

> E a quem toca?
> A causa toda, ou a dor extrema
> Tem por alvo um só peito?
> (*Macbeth*, Ato IV cena III 195-7)

John de Gaunt, em seu maravilhoso panegírico da Bretanha, condena o fato de ela se tornar tributária de um Estado estrangeiro com estas palavras:

> Esta terra de almas tão queridas,
> Cara por sua fama em todo o mundo,
> 'Stá arrendada, eu afirmo, morrendo,
> Retalhada em pedaços de meeiros.
> (*Ricardo II*, Ato II cena I 57-60)

As referências às terras comuns são comparativamente poucas.[21] Contudo, em dois casos, Shakespeare introduz a distinção entre terras de posse comum e terras de propriedade particular, por meio de um gracejo. Margaret, em *Trabalhos* *de amor perdidos*, diz: "Meus lábios não são, pra todos, capim"* (Ato II cena I 225). No Soneto CXXXVII (linhas 9-10), lemos:

> Por que meu coração julga ser particular
> A propriedade que sabe pertencer a muitos?

Mas o tópico é levado mais a sério em *Henrique VI, parte 2*, embora de uma forma singularmente incidental, quando um "pobre peticionário" apresenta um requerimento "contra o duque de Suffolk por cercar as terras comuns de Melford". A questão toda é sumariamente liquidada com palavras ríspidas: "Como assim, senhor velhaco?" Às quais é dada esta resposta: "Ai de mim, senhor, não passo de um pobre peticionário em nome de toda a nossa comuna" (Ato I cena III 24s).

Esse peticionário anônimo, que é intimidado e desdenhosamente desconsiderado pelo duque de Suffolk, introduz um aspecto muito importante na economia agrícola. A arrogância insultuosa do duque tipifica uma fase da situação que deu margem a muita acrimônia e perturbação, enquanto a resposta do peticionário indica que ele expressava o protesto de toda a comunidade.

Os cercamentos estão entre as primeiríssimas queixas mencionadas em *A Briefe Conceipt of English Pollicy*. Eles foram objeto de numerosas leis do Parlamento e de discussões acaloradas que duraram vários séculos. Embora mencionados aqui de forma bastante casual, eles têm uma relação peculiar com o tema deste estudo porque estão envolvidos em uma das poucas declarações de Shakespeare registradas por um contemporâneo seu. Esse fato justifica discutir em maiores detalhes a controvérsia que surgiu perto do fim da vida de Shakespeare, relacionada com a proposta de cercar os campos comuns de Welcombe.

A municipalidade de Stratford tinha o direito ao dízimo de um pedaço de terra em Welcombe, pequena aldeia que ficavam a poucos quilômetros ao norte de Stratford. No início de 1614, fez-se uma proposta de cercar parte dos campos comuns, e William Combe, na qualidade de um dos maiores proprietários de terra do local, participou ativamente do movimento. Ele encontrou resistência encarniçada da municipalidade de Stratford, cujo guarda-livros era Thomas Greene. A municipalidade vendera parte dos dízimos sobre essa propriedade a várias pes-

* No original: "My lips are no common, though several they be." (N.E.)

soas, entre elas Thomas Greene e William Shakespeare. De acordo com as pesquisas de Tucker Brooke.[22]

Shakespeare possuía cerca de 1/8 do total, correspondente a um valor anual de 60 libras esterlinas do total de 473 libras, 16 xelins e 8 pence. Ele havia comprado o arrendamento desses dízimos como investimento, em 1605, operação que Adams chama de "a mais importante transação comercial de sua vida".[23] Também dono de 127 acres [1 acre corresponde a cerca de 40 ares] de terra, tendo comprado 107 acres, em 1602, de John e William Combe, por 120 libras esterlinas, e 20 acres em 1610.[24] Assim, Shakespeare tinha um duplo interesse na questão dos cercamentos aplicados a essas propriedades.

Há muitos anos, descobriram-se quatro folhas do *Diary* de Thomas Greene. Embora muito difíceis de ler, foram decifradas e publicadas em 1885 pelo dr. C.M. Ingleby.[25] Há vários trechos desse diário relacionados a Shakespeare. O mais importante deles diz o seguinte:

> Jovis 17 No: [uembris] [1614] "como" meu parente Shakspeare "veio" ontem à cidade, fui ver como ele ia, e ele me contou que lhe asseguraram que não pretendem cercar adiante de gospel bushe & so vpp straight (deixando de fora parte dos vales até o campo) até o portão em Clopton hedge & incluir pedaço de Salisburyes: e que pretendem em abril vistoriar a Terra & depois dar satisfação & não antes & ele & sr. Hall dizem que pensam que nada será feito.

Outra anotação do diário cuja data exata é incerta, mas provavelmente de setembro de 1615, diz: "Set W Shakespeare dizendo a J. Greene que eu não era capaz de aceitar os cercamentos de Welcombe."

A proposta de cercar os campos comuns parece ter provocado grande agitação em Stratford. William Combe não planejava nada ilegal em si mesmo. Mas uma parte de suas terras ficava nos campos comuns, e o método de cultivo era extremamente ineficaz. As posses individuais estavam espalhadas em pequenas faixas e, por melhor que alguém cultivasse suas faixas, elas estavam sujeitas a danos pela incúria dos vizinhos. Havia também dificuldade de acesso, pois os campos eram divididos em muitos lotes pequenos. Assim, propôs-se o mesmo argumento a favor da redivisão da terra que surgiria na Alemanha do século XIX e em outros locais.

Além disso, havia outra questão envolvida nos cercamentos. O objetivo daqueles que desejavam cercar os campos não era tanto melhorar a agricultura, mas converter terras cultiváveis em pastagens para criar ovelhas. O efeito disso era a diminuição da demanda por mão de obra, pois poucos pastores eram suficientes para cuidar dos animais numa área que daria emprego a grande número de lavradores. A tendência era atirar as pessoas ao desemprego, tornando-as dependentes de caridade. Ao mesmo tempo, diminuía a renda que poderia ser obtida de dízimos, desde que estes fossem pagos em produto.

William Combe parece ter sido um homem bastante teimoso e tratou de mandar cavar fossos para levar seu plano adiante. Isso, por sua vez, gerou tumultos. A situação estava particularmente difícil para a municipalidade naquele momento, porque ocorreram inúmeros incêndios, causando considerável perda para a cidade. Como sabemos, o seguro contra incêndio só se tornou de uso comum depois do grande incêndio de Londres, em 1666. Por conseguinte, os "intendentes e burgueses"[26] de Stratford apelaram para o presidente da Câmara dos Pares em 1614, apresentando suas queixas. Eles declaravam que, segundo a carta outorgada pelo rei Eduardo VI, os dízimos haviam sido concedidos para a manutenção do vigário, do sacerdote assistente, do mestre de uma escola, para o socorro de 24 pessoas pobres, a manutenção da grande ponte de pedra de 400 jardas [cerca de 350m] que atravessava o Avon e outros propósitos públicos. Portanto, eles imploravam que tomasse medidas a fim de evitar os cercamentos.

Os requerentes obtiveram uma ordem do presidente do Supremo Tribunal Coke, com a data de 14 de abril de 1615, proibindo que Combe e todos os outros prosseguissem com os cercamentos "até que defendam sua causa em tribunal aberto".[27]

Em resposta a essa oposição, William Combe fez o que parecia ser, à primeira vista, uma oferta razoável. Com data de 26 de junho de 1616, mandou uma carta discutindo em detalhes as três objeções aos cercamentos: 1. os dízimos; 2. as estradas; 3. a decadência da lavoura. Em relação aos dízimos, ele oferecia três alternativas. Primeiro, daria à municipalidade terras que rendessem tanto quanto a renda dos dízimos avaliada por quatro árbitros. Se isso não fosse satisfatório, ressarciria o valor dos dízimos sob a forma de uma renda anual a ser paga com o produto das terras que ele possuía. Se não aceitassem isso, fazia uma terceira oferta, um pouco obscura, mas que aparentemente envolvia substituir as terras cercadas por outras. Quanto às estradas, oferecia-se para tomar conta de todas que estivessem dentro do terreno em questão, à sua custa. No que dizia respeito à decadência da lavoura, fazia a promessa de que manteria sob cultivo metade ou 1/3 da "terra que produz anualmente trigo".

Aparentemente, os planos de William Combe apontavam na direção do progresso econômico, mas, como em muitos casos semelhantes, implicavam uma perda temporária para aqueles que não podiam se ajustar de imediato à nova situação. Houve uma troca de cartas, corteses no tom, mas determinadas no espírito, entre o fidalgo rural e a municipalidade, que se concluiu com a seguinte missiva escrita por Henry Smith:[28]

> Resposta do sr. intendente às cartas do sr. Combes de dezembro, 1616.
>
> Senhor, por favor poderia observar que se o lugar é seu ou não, o senhor não pode cavar fossos, diminuir ou impedir os campos comuns de outros homens, o senhor não ignora a ordem do lord presidente do Supremo Tribunal de sua anuência feita para evitar tumulto de que houve um infeliz início, se sua conduta ilegal nessa escavação não deixar sua consciência cega, como parece, pelo desejo de ficar rico com a perda de outros homens, nem a constante mais grave e sagrada determinação dos juízes nos tribunais, nem as ameaças dos ministros contra os cercamentos, nem os muitos processos que foram feitos com todo o respeito e amor contra o senhor para não causar dano a uma municipalidade tão pobre, nem mal para tantos homens que têm campos em comum não o façam desistir; rezo para que o senhor permita que tais medidas e processos usados contra o senhor e seus escavadores possam fazê-lo ver seus erros presentes e passados, orando para que o senhor não considere contenção, os homens, por meios legais, defenderem seus direitos antigos, mas olhando para sua terra de modo a confessar que os autores da contenda são os iniciadores de coisas novas. Assim rezando que deixe nós de Stratford e eu em especial ter seu amor, encerro
>
> Sempre desejoso de vosso amor e paz,
>
> Henry Snith, intendente
>
> 24 de dezembro de 1616
>
> Ao meu muito honrado amigo William Combe, escudeiro, que esta seja enviada com rapidez.

O desfecho de toda a questão foi que Stratford obteve um veredicto final do Conselho Privado do rei, datado de 12 de março de 1618, quase dois anos depois da morte de Shakespeare, que proibia os cercamentos e exigia que Combe restaurasse os "limites e taludes" à sua antiga condição.[29]

Já houve muita discussão sobre a atitude de Shakespeare nessa questão. A história foi contada com maiores ou menores detalhes por muitos autores.[30] Não há dúvida de que o próprio Shakespeare fez um acordo com Replingham, representante de Combe, em 28 de outubro de 1614, segundo o qual ele seria indenizado pelas perdas que pudesse sofrer em consequência dos cercamentos.[31] Não se pode dizer se isso significa que ele fosse favorável aos cercamentos ou não. Ao realizar o acordo, simplesmente fazia o que a própria cidade poderia ter feito se aceitasse a oferta de Combe em relação aos dízimos. Quanto a isso, Shakespeare estava agindo como um homem de negócios prudente, assegurando-se contra as perdas, caso um evento que ainda era incerto ocorresse no futuro.

A única referência direta às opiniões de Shakespeare encontra-se no trecho já citado do *Diário* de Thomas Greene, com data de setembro de 1615 – e ainda por cima é obscura. Lê-se ali: "Shakespeare dizendo a J. Greene que eu não era capaz de aceitar os cercamentos de Welcombe."[32] Trata-se de uma frase enigmática. J. Greene era irmão de Thomas Greene, e não há razão para que Shakespeare contasse a J. Greene qual era a posição de Thomas, uma vez que este se opusera ativamente aos cercamentos. Para tornar inteligível o trecho do diário, temos de pedir a ajuda dos paleógrafos. Ingleby e outros nos dizem que, ao escrever o pronome "eu", Greene pretendia escrever "ele". A frase significaria então que Shakespeare dissera ao irmão de Greene que ele, Shakespeare, opunha-se ao cercamento de Welcombe. Essa teoria parece forçada, não fosse pelo fato de que em outro lugar do diário se encontra um "eu" onde um "ele" é evidentemente necessário para dar sentido à frase, e a quirografia desse interessante trecho do diário é atroz – uma das piores conhecidas dos historiadores.

Essa interpretação do *Diário* de Greene foi aceita por muitos estudiosos, mas Chambers, embora reconhecendo que "a frase é um pouco enigmática em si mesma", acrescenta: "Mas, de qualquer modo, Greene escreveu 'eu' e não 'ele', e ainda que ele escreva às vezes 'eu' em lugar de 'ele' em outros lugares, e nem sempre o corrija, não há razão para supor que fez isso aqui." Ele conclui a discussão acrescentando: "Uma vez mais, os sentimentos de Shakespeare nos escapam."[33]

Não vou tentar emitir uma opinião sobre tema tão obscuro e a respeito do qual os especialistas escreveram com tanta erudição e engenhosidade. Examinando a frase como mero economista, e julgando-a à luz da história econômica, parece-me que, fosse em princípio a favor ou contra os cercamentos, Shakespeare agiu apenas como um bom homem de negócios tentando proteger-se contra perdas. Não creio que alguma verdadeira questão moral estivesse envolvida nisso. William Combe era obviamente um indivíduo arbitrário e esquentado, mas fazia o que muitos outros progressistas também realizavam em toda a Inglaterra ao tentar obter o máximo de suas terras. Estava claramente disposto a compensar aqueles que pudessem sofrer perdas, sob a firme crença de que, com seus métodos de administração, a terra seria mais produtiva. Em sua carta de 26 de junho de 1616 à municipalidade,[34] ele mostra seu objetivo nas palavras:

> Tendo grande carência tanto de pastagem & campos para a necessária manutenção e hospitalidade & boa administração para servir a vontade de Deus para suprimento daí reservar terra cultivável que eu legalmente possa ter em Welcombe.

Por outro lado, os representantes de Stratford provavelmente estavam inclinados a ser ultraconservadores. Isso transparece na curiosa frase "os autores da contenda são os iniciadores de coisas novas".[35] Não precisamos discutir aqui se a atitude deles era sábia ou não. Embora a decisão final tenha sido a favor deles, estavam do lado perdedor, do ponto de vista da história: em 1775, as campinas e a maioria das terras comuns já haviam sido cercadas.[36] Prothero diz: "Os *dingles* que faziam parte dos campos comuns de Welcombe permanecem abertos até hoje."

O falecido sr. Savage informou-me que, no sentido legal estrito, essa afirmação é enganadora, se não for qualificada. Ou seja, os *dingles* não integram mais a terra comum. Porém, eles são acessíveis ao público, e uma grande parcela da propriedade foi adquirida recentemente por sir Archibald Flower, que, por sua vez, vendeu-a aos curadores do lugar em que Shakespeare nasceu. O desejo de Stratford de que essas terras permanecessem abertas se realizou assim, de modo indireto, graças à fama do próprio poeta. Como parte da propriedade do seu local de nascimento, elas estão agora definitivamente acessíveis, não somente para aqueles que possam ter direitos de propriedade na vizinhança, mas a todos cuja reverência a Shakespeare leva a visitar Stratford. Como fui informado, o direito do público de usar as trilhas nunca foi tocado.

Os antiquários ainda não decidiram qual era a parte de Welcombe nos campos comuns, na época de Shakespeare. A superfície da terra deve ter mudado materialmente, visto que, antes do cercamento, estava dividida em pequenas faixas, mas é bem provável que os *dingles*, que não integravam a terra cultivável, sejam hoje muito parecidos com o que eram no tempo de Shakespeare.

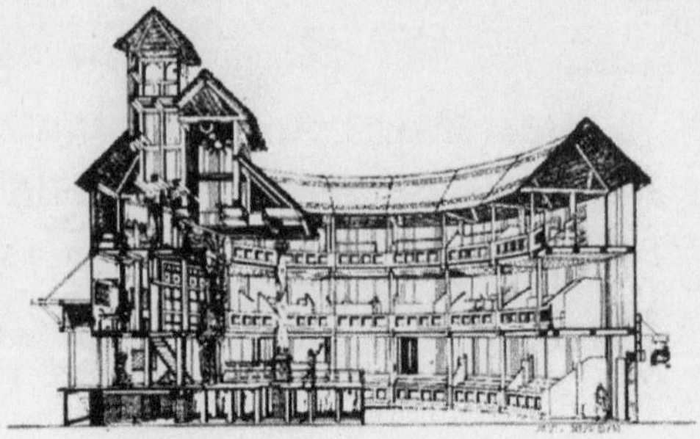

5. A TROCA E SEUS INSTRUMENTOS

A profissão de Shakespeare fez dele um homem da cidade. Nascido num lugarejo pequeno, filho de um homem de negócios, cedo se mudou para Londres, onde se familiarizou com os interesses da metrópole. Desse modo, os incidentes prosaicos de troca, compra e venda, sistema bancário, contabilidade, emprestar e tomar emprestado, conversão de letras de câmbio, todos parecem ter tido quase tanta influência sobre seu espírito quanto as grandes descobertas pitorescas e românticas, e as lembranças rurais de sua meninice. As alusões que faz a várias moedas sugerem a grande variedade delas na época. Além de libras esterlinas, xelins e *pence*, ele se refere a coroas, *testers*, meio xelim serrilhado, *nobles*, *angels*, dólares, ducados, florins, marcos, *farthings*, *doits*, numa amostra significativa da numismática elisabetana. O *angel** deu-lhe oportunidade para muitos trocadilhos. O príncipe de Marrocos diz, em *O mercador de Veneza*:

> ... Na Inglaterra
> Há uma moeda em que se vê um anjo
> Cunhado no ouro; mas fica por fora:
> Aqui o anjo está encastoado
> Dentro de um leito áureo. Dai-me a chave.
> (Ato II cena VII 55s)

* Moeda inglesa de ouro emitida de 1470 a 1634 que trazia a imagem do arcanjo são Miguel. (N.E.)

Falstaff brinca com o termo em *As alegres comadres de Windsor* (Ato I cena III 60). *Noble* era o nome mais antigo do *angel* e sugere um duplo trocadilho quando Benedito, ao enumerar as qualidades que uma mulher deve ter para atraí-lo, diz: "nobre, sem o que nem como anjo me serviria" (*Muito barulho por nada*, Ato II cena III 34). A palavra dólar ocorre quatro vezes, e em três dos casos serve como desculpa para um trocadilho com a palavra *dolour* [dor] (*A tempestade*, Ato II cena I 18-9; *Medida por medida*, Ato I cena II 50; *Rei Lear*, Ato II cena IV 54).

Não é necessário descrever essas moedas ou contar a história das muitas mudanças em peso e pureza feitas pelos soberanos Tudor.[1] Aqui estamos interessados apenas no que Shakespeare nos diz, e vários fatos aparecem com clareza. Havia uma grande variedade de moedas correntes legais na Inglaterra, e algumas moedas estrangeiras, como o florim, o ducado e o dólar, foram trazidas para o uso comum pelo comércio exterior, apesar da proibição da lei de 1561.[2] Os meios xelins serrilhados (*mill sixpences*) que Slender tinha em sua bolsa (*As alegres comadres de Windsor*, Ato I cena I 158) nos lembram de uma antiga tentativa de evitar, com o serrilhamento das bordas, o desgaste ou recorte ilegal das moedas, enquanto uma referência obscura em *Rei João* lembra alguns dos defeitos mecânicos da cunhagem. O Bastardo, ao insultar seu irmão, diz:

> E se tivesse as pernas finas como pernas de pau,
> Os braços como peles de enguias estofadas, o rosto
> Tão fino que não pudesse na orelha uma rosa pôr
> Sem que dissessem "Olha, lá vai o três *farthings*!
> (Ato I cena I 140s)

De acordo com Unwin, havia muitas moedas de prata quase do mesmo valor: dois *pence*, três meios *pence*, um *penny*, três *farthings* e meio *penny*.

> A confusão entre moedas do mesmo tipo de valor tão próximo era muito fácil, e consequentemente colocava-se uma rosa atrás da cabeça da rainha nas moedas de seis *pence*, três *pence*, três meios *pence* e três *farthings* para distingui-las de *groat*, *twopenny*, *penny* e meio *penny*. É ao perfil magro de Elisabeth numa moeda desse tipo e também ao hábito da época de usar uma rosa atrás da orelha que devemos a metáfora expressiva do Bastardo.[3]

O realismo desse símile, bem como o anacronismo de introduzir uma moeda elisabetana no reino do rei João, são tipicamente shakespearianos.

Mas Shakespeare alude também a alguns temas da teoria monetária, e mostra em vários trechos que compreendia a verdadeira natureza do dinheiro. Bassânio, em *O mercador de Veneza*, fala da prata como "a pálida criada do comércio entre os homens" (Ato II cena II 103-4). Temos aqui uma versão poética da definição do dinheiro dada pelos economistas: "meio comum de troca". O fato frequentemente apontado pelos economistas atuais de que comprar e vender são em essência a mesma coisa – de tal modo que o homem que paga dinheiro por mercadorias realmente vende dinheiro, enquanto o homem que vende mercadorias compra dinheiro – também estava claro para a mente de Shakespeare, pois Romeu, ao se dirigir ao boticário, diz: "Sou eu que vendo veneno, e não vós" (*Romeu e Julieta*, Ato V cena I 83).

Os males da moeda depreciada também lhe eram familiares. Isso parece estar implícito quando o rei Henrique diz a Catarina: "pega um sujeito de constância pura como a de moeda nova"* (*Henrique V*, Ato V cena II 161). Schmidt, em seu *Shakespeare-Lexicon* (vol.II, 1278), dá três explicações para essa frase. Afirma que alguns supõem que ela significa não falsificada, e portanto verdadeira. Outros julgam que ela indica ser Catarina a primeira mulher a causar impressão sobre o rei Henrique. O próprio Schmidt parece pensar que *uncoined constancy* significa uma constância "que não tem a estampa atual nela, ... não sendo, portanto, adequada para circulação, deve permanecer para sempre num único e mesmo lugar". Todas essas explicações sem dúvida são possíveis, mas nenhuma delas parece muito satisfatória. E se a imagem de Shakespeare foi sugerida pela redução no conteúdo metálico [*debasement*][4] da moeda ocorrido durante o reinado de Henrique VIII – e que foi uma das grandes causas das queixas expressas em *A Briefe Conceipt of English Pollicy*? –, esse processo de aviltamento da moeda assumira duas formas. A liga de metais inferiores nas moedas de prata foi aumentada, e seu peso bruto diminuiu. No trecho em questão, Henrique V, ao cortejar Catarina, quer dizer que ele é como o metal antes de sofrer a degradação e a adição de liga metálica que vem com a cunhagem, quando a libra esterlina pesava realmente uma libra de prata. Portanto, tem constância não por ser inadequada, mas porque é boa demais para circular. Esse fato foi compreendido por sir Thomas Gresham, o fundador da Royal Exchange no reinado de Elisabeth e o primeiro a formular a lei que os economistas, seguindo McLeod, expressaram na frase "dinheiro ruim expulsa dinheiro bom".

* No original: "Take a fellow of plain and uncoined constancy." (N.E.)

Shakespeare tinha em mente outra fase de depreciação quando, em *Ricardo III*, faz a rainha Margaret dizer: "Teu recente brasão mal se conhece"* (Ato I cena III 256). Ele parece referir-se aqui ao período no qual uma moeda degradada é inicialmente emitida e ainda não se tornou suficientemente conhecida para expulsar as moedas boas. A expressão é muito bem aplicada pela rainha ao marquês, que está reivindicando um grau maior de honra do que realmente possui, e é, portanto, como uma moeda depreciada, cujo valor de face é muito mais alto que o valor intrínseco.

A distinção entre moedas que são prontamente aceitas e aquelas que não o são é também sugerida por Ricardo III, quando diz:

> Ai, Buckingham, agora vou pedir-te
> A prova de que és mesmo ouro de lei"**
> (Ato IV cena II 8-9)

Há mais uma referência à prova do metal em *Tímon de Atenas*, quando o criado fala:

> Meu senhor,
> Já tentei todos, são de liga impura,
> Pois todos recusaram
> (Ato III cena III 5-7)

O rei Lear faz uma alusão patética à prerrogativa real, bem como, indiretamente, aos abusos dessa prerrogativa quando diz em um daqueles flashes de razão que às vezes irrompem de sua mente perturbada: "Por cunhagem falsa não me pegam; eu sou o próprio rei"*** (Ato IV cena VI 83-4). Ricardo II refere-se ao padrão legal de valor na sentença: "Se no país minha voz ainda é prata" (Ato IV cena I 264). O mesmo faz Polônio nas palavras:

> Eu te ensino; és apenas uma criança
> Tomaste essas palavras por moedas,
> Mas são falsas
> (*Hamlet* , Ato I cena III 105-7)

* No original: "Your fire-new stamp of honour is scarce current." (N.E.)

** No original: "Buckingham, now do I play the touch/ to try if thou be current gold indeed." (N.E.)

*** No original: "No, they cannot touch me for coining /I am the king himself." (N.E.)

A cunhagem de dinheiro forneceu a Shakespeare um bom número de símiles. Por exemplo, Ângelo diz:

Que seja posto à prova meu valor
Antes que marca tão grande e tão nobre
Lhe seja imposta.*
(*Medida por medida*, Ato I cena I 49-51)

A mesma metáfora ocorre de novo quando fala:

... Valeria o mesmo,
Perdoar o que rouba à natureza
O homem feito, quanto relevar
Quem cunha a imagem do Senhor com o sexo
Onde este é proibido.
(Ato II cena IV 42-6)

Podemos citar muitos trechos semelhantes, como o seguinte:

Coriolano: Assim como sangrei por meu país,
Sem temer outras forças, meus pulmões
Gritarão sempre mais contra essas pústulas**
Que evitamos pegar, mas que buscamos
Sem cessar seu contágio.
(*Coriolano*, Ato III cena I 76s)

Autólico: Mentira: são grossos e cabeludos. Nada de mentiras: elas só convêm aos comerciantes, que mentem muito para os soldados. Mas nós os pagamos com moeda cunhada, de modo que eles não nos dão suas mentiras.***
(*Conto de inverno*, Ato IV cena IV 744s)

Onde não há tolerância estrita estabelecida por lei, as pessoas desonestas recortam ou desgastam as moedas, e os comerciantes precisam estar atentos para

* No original: "Let there be some more test made of my metal, / Before so noble and so great a figure / Be stamp'd upon it." (N.E.)
** No original: "Coin words till their decay against those measles." (N.E.)
*** No original: "We pay tham for it with stamped coin, not stabbing steel." (N.E.)

não serem enganados. Daí o desejo de obter moedas novas, como é sugerido por estas palavras de Fabian: "O senhor deveria tê-la abordado então e, com alguns gracejos requintados, saidinhos do forno,* emudecido o rapaz com seus golpes" (*Noite de Reis*, Ato III cena II 21s). E Kent diz em *Rei Lear*:

> Tudo o que disse é simplesmente verdade,
> Sem mais nem menos.
> (*Rei Lear*, Ato IV cena VII 5-6)**

Naturalmente, não era possível se prevenir contra todos os danos leves feitos às moedas, e portanto Póstumo observa:

> Entre dois homens nem tudo se pesa;
> Moedas leves valem pela efígie.
> (*Cimbeline*, Ato V cena IV 24-5)

E, contudo, como diz Sebastian, pode muito bem acontecer que

> o agradecer, bem como o fazer bem,
> Muitas vezes são pagos com bem pouco.***
> (*Noite de Reis*, Ato III cena III 16-7)

Quando Shakespeare escrevia, o valor da prata em relação ao ouro era muito maior que atualmente, em especial em comparação ao que passou a valer desde a depreciação da prata ocorrida nos últimos 40 anos. Em *O mercador de Veneza*, o príncipe de Marrocos se refere aproximadamente à relação entre os dois metais quando diz:

> Ou devo vê-la presa nesta prata
> Tão menos valiosa do que o ouro?
> (Ato II cena VII 52-3)

Na verdade, o valor não está declarado corretamente. No início do reinado de Elisabeth, em 1559, o valor oficial da prata em relação ao ouro não era de 1:10,

---

* No original: "firenew from the mint." (N.E.)

** No original: "All my reports go with the modest truth;/ Nor more nor clipp'd, but so." (N.E.)

*** No original: "are shuffled off such uncurrent pay." (N.E.)

mas de $1{:}11^{151}/191$; e, em 1605, caiu para $1{:}12^{186}/1.705$. Contudo, por estranho que pareça, houve uma queda do preço por volta da época em que *O mercador de Veneza* foi escrito, e, segundo Soetbeer, o preço do ouro em termos de prata, em 1601, era de $10^{617}/682$.[5] Portanto, Shakespeare não estava muito longe da verdade, embora talvez devêssemos supor que seu objetivo não era dar à plateia dados estatísticos exatos sobre o valor dos metais preciosos, mas apenas usar um número redondo.

Na época de Shakespeare, as grandes empresas engatinhavam, em particular no campo do comércio internacional, e isso levou a alguns expedientes econômicos. Um deles foi a letra de câmbio, mencionada com frequência, tanto literal como figuradamente. Em *A megera domada*, o Pedante, ao explicar sua presença, diz:

> ... vindo a Pádua
> Pra cobrar certas contas, meu Lucentio
> Veio falar-me de um assunto sério:
> O amor entre ele e a sua filha.
> (Ato IV cena IV 24-7)

O modo como conseguiu isso aparece em outros versos, quando esclarece:

> Pois trago promissórias de Florença
> Que aqui em Pádua é que eu receberia.*
> (Ato IV cena II 89-90)

Em *As alegres comadres de Windsor*, Slender descreve-se como um cavalheiro nato, "que se assina Armígero em toda nota, mandado, quitação ou obrigação" (Ato I cena I 9-11). Shakespeare faz vários trocadilhos com a palavra *bill*. Dick, o açougueiro, em *Henrique VI, parte 2*, diz: "Meu senhor, quando iremos a Cheapside descontar nossas letras de câmbio?"** (Ato IV cena VII 135). Boráquio, em *Muito barulho por nada*, fala: "E nós vamos ser boa safra, colhida pelos bolsos desses sujeitos"*** (Ato III cena III 190-1).

* No original: "For I have bills for money by exchange from Florence..." (N.E.)

** No original: "My lord, when shall we go to Cheapside and take up commodities upon our bills?" (N.E.)

*** No original: "We are like to prove a goodly commodity, being taken up of these men's bills." (N.E.)

Os bancos apenas começavam a ser usados em grande escala, especialmente na Itália, onde a Casa di S. Giorgio se transformou no Banco de Gênova em 1586, e em 1587 foi fundado o Banco di Rialto, em Veneza. É curioso que não apareça a palavra "banco" [*bank*] nas obras de Shakespeare, embora "falido" [*bankrupt*] seja usado tanto literal como figuradamente. Os métodos correntes de lidar com os credores são esboçados neste trecho de *Cimbeline*:

Póstumo: Sei que sois mais clementes do que os vis,
Que tomam de seu devedor um terço,
Um sexto ou décimo, pra que revivam
Com o que restou; não é o que desejo.
(Ato V cena IV 18s)

Em *Ricardo II*, o rei é chamado de falido duas vezes (Ato II cena I 151 e 257). Shylock, falando de Antônio, diz: "Para cobrar a multa de quem deve!"* (*O mercador de Veneza*, Ato IV cena I 122). Thurio, em *Os dois cavalheiros de Verona*, diz: "Senhor, se quiser gastar comigo palavra por palavra, o deixarei falido" (Ato II cena IV 41). Jaques, em seu solilóquio sobre o veado moribundo, diz:

Vão logo, cidadãos gordos e lisos;
A moda é essa. Desde quando olham
Para os que ficam pobres e quebrados?
(*Como quiserem*, Ato II cena I 55-7)

A palavra "corretor" é usada com bastante frequência. Hume, em *Henrique VI, parte 2* fala:

Dizem, "um biltre astuto dispensa corretores",
Porém de Suffolk e do cardeal sou corretor.
(Ato I cena II 100-1)

Julia, em *Os dois cavalheiros de Verona* (Ato I cena II 41), chama Lucetta de "boa corretora".

As alusões a transações mercantis variadas e aos termos do mercado são tão numerosas em Shakespeare que só podemos citar algumas delas. Ângelo diz:

* No original: "To cut the forfeiture from that bankrupt there." (N.E.)

... nossos pecados
valem mais por número que por conteúdo*
(*Medida por medida*, Ato II cena IV 58-9),

o que significa que, embora sejam enumerados, não são suficientemente graves para entrarem na contabilidade. Biron, em *Trabalhos de amor perdidos*, fala de vender por atacado.

Negocia com o espírito, nas praças,
por miúdo, a domicílio e no mercado.
Quem vende, como nós, por atacado,
Deus o sabe, não goza da vantagem
(Ato V cena II 317-20)

O investimento de capital em quotas de ações é mencionado por Horácio, que responde "meia quota" quando Hamlet lhe pergunta: "Isto ... não me daria um lugar numa matilha de atores?" (*Hamlet*, Ato III cena II 286s).

Tomar emprestado dando em garantia propriedade pessoal aparece de forma figurada nestes dois trechos:

César: ... tem de ser
Repreendido como ao rapazola,
Que sabendo o dever corre ao prazer**
E contesta o que é certo.
(*Antônio e Cleópatra*, Ato I cena IV 31-3)

Lárcio: Que muitas vezes cruzaram espadas;
Que a nada neste mundo odeia tanto
Quanto ao senhor; e que apostava tudo***
Contra coisa nenhuma se pudesse
Proclamar que o vencera.
(*Coriolano*, Ato III cena I 13-7)

A expressão "preço de mercado" é usada em *Bom é o que acaba bem* quando Bertram diz:

* No original: "Stand more for number than for accompt." (N.E.)
** No original: "Pawn their experience to their present pleasure." (N.E.)
*** No original: "that he would pawn his fortunes." (N.E.)

E eu comprei com o anel o que algum outro
tinha por menos*
(Ato V cena III 218-9)

Na mesma peça, a expressão "preço comum" é usada no mesmo sentido. "Teria me comprado por bom preço",** diz Diana (Ato V cena III 192).

Em você não vejo mais do que o comum,
O normal, da Natureza,***

diz Rosalinda a Phebe em *Como quiserem* (Ato III cena V 42), e acrescenta, de forma um tanto desdenhosa: "venda quando puder, que é difícil"**** (Ato III cena V 60). Baptista, em *A megera domada*, fala:

Senhores, eu pareço mercador
Me aventurando em mercado de risco*****
(Ato II cena I 328-9)

Numa comunidade de negócios, o crédito é muito importante, e a isso Shakespeare se refere com frequência. Ângelo, em *A comédia dos erros*, ao falar de Antífolo de Siracusa, diz que

Sua reputação é impoluta;
seu crédito é perfeito
(Ato V cena I 5-6)

Em *O mercador de Veneza*, Antônio declara: "Que use do meu crédito em Veneza" (Ato I cena I 180).

Observem-se também as seguintes referências a "crédito":

Primeiro Estranho: ... No que eu saiba,
Tímon para esse homem foi um pai,

* No original: "And I had that which any inferior might/ At market-price have bought." (N.E.)
** No original: "He might have bought me at a common price." (N.E.)
*** No original: "I see no more in you than in the ordinary/ Of nature's sale-work." (N.E.)
**** No original: "Sell when you can: you are not for all markets." (N.E.)
***** No original: "And venturing madly on a desperate mart." (N.E.)

Da bolsa dele é que vem o seu crédito.
(*Tímon de Atenas*, Ato III cena II 73-5)

SENADOR: Com o meu dinheiro a hora dele acabou,
E confiar em quem não cumpre datas
Feriu meu crédito.
(Ato II cena I 21-3)

Crédito é expresso também pela palavra *trust*, como na frase:

não questionarei
Se por meu nome ou crédito o terei*
(*O mercador de Veneza*, Ato I cena I 184-5)

Ter crédito não significava necessariamente tomar dinheiro emprestado a juros, como hoje, e, como já vimos, havia uma grande diferença de opinião quanto à justificação da cobrança de juros. Os primeiros bancos não eram, portanto, lugares em que o dinheiro se acumulava para ser emprestado aos que precisassem, mas lugares para guardar dinheiro com segurança. Eles faziam as transações de transferência por meio de letras, ou o que hoje chamaríamos de cheques. Não havia banco de descontos, e a palavra "desconto" não é usada por Shakespeare. Mas "juro" aparece muitas vezes. Às vezes é chamado de "excesso" (*O mercador de Veneza*, Ato I cena III 63); outras vezes de "vantagem" (Ato I cena III 70). Usura e usança ocorrem em Shakespeare, tal como juros, mas esta última palavra parece ser empregada com a conotação funesta que agora damos à usura, pois Shylock diz:

Mato a fome de queixas muito antigas.
Por odiar minha nação sagrada,
Nos locais onde vão os mercadores
Agride a mim, meus lucros e poupanças,
A que chama de juros ou de usura.
(*O mercador de Veneza*, Ato I cena III 49-52)

Já nos referimos à justificação dos juros feita por Shylock. Ela também aparece em conexão com o amor físico no Soneto VI, em que Shakespeare diz:

* No original: "I no question make/ to have it of my trust." (N.E.)

Não é usura proibida essa,
Que a quem paga o que deve traz contento,
É tu nutrires o que em ti começa,
Dez vezes mais feliz, se a dez por cento.*

Ele também se refere à usura no Soneto CXXXIV:

O estatuto da tua beleza farás impor,
Sua usurária, que aprisionas tudo para usar,
E demanda um amigo que por mim é devedor.

Em *Medida por medida*, o duque diz:

... a natureza
Não desperdiça um grão de qualidade;
Deusa econômica, ela é que arbitra
Pessoalmente a glória do credor,
Em gratidão e uso...
(Ato I cena I 37-41)

Há muito mais referências a juros e empréstimos. Em *Tímon de Atenas*, Flavius diz:

Promete tão além do que possui
Que fala dívidas, deve o que diz:
Já paga juros só por ser tão bom
'Stá tudo hipotecado.
(Ato I cena II 203-6)

Alcebíades queixa-se:

Estou louco. Eu venci seus inimigos
Pra contarem dinheiro, e o emprestarem
A altos juros, enquanto eu ficava
Rico em feridas.
(Ato III cena V 106-9)

* Tradução de Vasco Graça Moura, *Sonetos completos de William Shakespeare*, Landmark, 2005. (N.E.)

Tímon, enfurecido com as injustiças de que era vítima, responde à pergunta de Alcebíades:

Mas como mudou tanto o nobre Tímon?
Como a lua, por ter falta de luz.
Mas não posso, qual Lua, renovar-me;
Não tenho sol ao qual pedir empréstimo.
(Ato IV cena III 66-9)

Mais adiante, na mesma cena, ele fala:

Não se apiede do de barba branca:
é usurário
(Ato IV cena III 111-2)

A hipoteca era uma base comum de crédito no tempo de Shakespeare, tal como hoje. Ele utiliza a palavra apenas uma vez, mas todo o Soneto CXXXIV, em que ela ocorre, não é mais do que uma série de aplicações engenhosas dessa coisa bem prosaica em relação aos assuntos do amor.

Um dos grandes abusos da época de Elisabeth era a concessão de monopólios, com frequência para cortesãos. Não eram concessões para o estímulo de alguma forma de serviço público, que só poderia ser executado protegido da competição, mas simplesmente uma questão de favoritismo, e a própria soberana não estava isenta de compartilhar os lucros. Isso é evidentemente o que o Bobo de Lear tem em mente quando diz: "Claro que não; os nobres e os grandes homens não o permitem. Se eu tivesse um monopólio, eles iam querer uma parte; e as damas também – elas não me deixam ser bobo sozinho; ficam experimentando" (*Rei Lear*, Ato I cena IV 166s).

As boas finanças exigem algum tipo de auditoria das contas, e essa característica prática do comércio é usada em não menos de oito vezes por Shakespeare, como, por exemplo, nas palavras de Lady Macbeth:

Seus servos
'Stão sempre, com o que é seu, de conta aberta,
Para exame ao prazer de Vossa Alteza,*
Retomando o que é vosso.
(*Macbeth*, Ato I cena VI 26-9)

* No original: "To make their audit at your highness' pleasure." (N.E.)

Hamlet recorre à mesma palavra [*audit*] num sentido figurado quando diz:

Isso não é vingança, é paga e engano.
Ele colheu meu pai, forte e nutrido,
Em plena floração de seus pecados;
Na flor de maio; e só os céus conhecem
Como deu suas contas ao criador.*
(*Hamlet*, Ato III cena III 79-82)

Os negócios exigem contabilidade, e esta é difícil sem um bom sistema de aritmética. Os negócios modernos, assim como a matemática e a ciência modernas, seriam quase impossíveis, não tivesse ocorrido a introdução na Europa do chamado sistema numeral arábico,[6] que atribui um valor aos dígitos que varia segundo a posição e torna possível para o aritmético dispensar dispositivos mecânicos como o ábaco ou contas. Esse sistema, que chegou à Europa no século XIII por intermédio dos escritos de Leonardo Fibonacci de Pisa e do monge escocês Sacrobosco, ou John de Hollywood, tornou-se acessível aos estudantes ingleses através da obra do bispo Tonstall, em 1522. Só foi plenamente aceito bem depois e, portanto, ainda era algo comparativamente novo na época de Shakespeare.

Nosso poeta viveu num período de transição, e suas referências à aritmética e seus métodos têm um significado nem sempre bem apreciado. A palavra "aritmética" ocorre com frequência e, num bom número de casos, é usada para expressar desprezo por um homem que regula sua vida por método, e não por impulso. Mercúcio diz que Tibaldo é um "fanfarrão, um safado, um vilão, que luta por regras aritméticas" (*Romeu e Julieta*, Ato III cena I 105-6). Iago ataca Cássio por ser

Um grande aritmético, sem dúvida
....
Que nunca pôs em campo um esquadrão,
Nem sabe como as tropas são dispostas,
Melhor que uma donzela; exceto em livros,
Onde os togados cônsules teóricos
São mestres como ele.
(*Otelo*, Ato I cena I 19 e 22-6)

* No original: "And how his audit stands who knows save heaven?" (N.E.)

Créssida diz a Pandarus: "Na verdade até caixeiro de taverna é capaz, nesse aspecto dele, de somar o total"* (*Troilus e Créssida*, Ato I cena II 121-2). E Tersites diz a Aquiles: "Ora, se pavoneia para cima e para baixo, cada passo uma pausa; rumina como dona de casa que não sabe somar** para anotar os cálculos que fez lá no seu cérebro" (Ato III cena III 251-4).

Mas as referências de Shakespeare são de particular interesse quando ele especifica mais e fala dos instrumentos concretos de computação. Iago termina sua invectiva contra Cássio chamando-o de "calculador de contas" (*Otelo*, Ato I cena I 31). Brutus diz:

> Se Marcus Brutus foi um dia avaro
> A ponto de negar isso a um amigo,***
> Que os deuses 'stejam prontos pr'arrasá-lo
> Só com seus raios!
> (*Júlio César*, Ato IV cena III 79-82)

Em *Cimbeline*, o Primeiro Carcereiro diz:

> É uma conta pesada para o senhor; mas o consolo é que não terá de fazer outros pagamentos, de temer outras contas de taverna, que são o ponto triste da partida, como alegria provocada: você entra desmaiando por falta de carne, sai cambaleando por excesso de bebida; lastima ter gastado muito, e lamentando ter sido pago demais, com bolsa e cérebro vazios, o cérebro pesado de tão leve, a bolsa leve por ter perdido o peso. Vai ficar livre dessas contradições. É a caridade de uma corda barata! Ela soma milhares em um segundo: você só terá ela por credor ou devedor; liquidados o passado, o presente e o futuro: seu pescoço, senhor, é pena, livro e contador, e as contas todas certas.
> (Ato V cena IV 158s)

O Cômico em *Conto de inverno*, depois de tentar em vão calcular quanto receberá pelos tosões que vendeu, admite finalmente, desesperado, "Sem contas [*counters*], não acerto" (Ato IV cena III 36). Troilus diz:

---

* No original: "Indeed, a tapster's arithmetic may soon bring his particulars therein to a total." (N.E.)

** No original: "hath no arithmetic." (N.E.)

*** No original: "To lock such rascal counters from his friends." (N.E.)

Será que a honra e o valor de um rei
Como o é nosso pai se pesa assim
Com qualquer peso? Com moedas falsas*
Irá somar os seus feitos infinitos
(*Troilus e Créssida*, Ato II cena II 26s)

Todas essas referências implicam o uso do sistema primitivo de contas ou peças, manipuladas no tabuleiro de xadrez [*checkerboard*], do qual o Chancellor of the Exchequer [ministro das Finanças da Inglaterra] deriva seu título. Mas há outras que mostram tanto uma familiaridade com o sistema numeral arábico e uma verdadeira compreensão de seu traço mais característico, o zero. Em *Rei Lear*, o Bobo diz: "Tu eras um bom rapaz quando não precisavas preocupar-te com os franzimentos dela. Agora viraste um zero à esquerda. Sou melhor do que tu agora; eu sou um bobo, tu não és nada" (Ato I cena IV 210s).

O significado do zero como número é apreciado claramente por Políxenes em *Conto de inverno*, quando ele faz esse cumprimento sutil ao seu anfitrião:

Mas mesmo assim, em perpetuidade,
Partimos devedores; como um zero
(Ao lado da riqueza) multiplico
Um "obrigado" por mil vezes mais,
Pondo-o na frente.
(Ato I cena II 5-9)

O coro do Prólogo de *Henrique V* refere-se ao tablado do teatro como este "*wooden* o" [zero de lenho] e depois, desculpando-se modestamente por tentar colocar "as planícies da França" em lugar tão pequeno, justifica-se com um apelo à imaginação e continua:

Peço Perdão! Mas já que um zero pode
Atestar um milhão em pouco espaço,
Deixem que nós, as cifras desta conta,
Acionemos sua força imaginária.
(*Henrique V*, Prólogo 15-8)

* No original: "Of common ounces? will you with counters sum." (N.E.)

Talvez seja mera coincidência, mas vale a pena notar que as referências que citei estão mais ou menos divididas igualmente entre o velho e o novo sistema. Desse modo, se não tivéssemos nenhum outro indício além das palavras de Shakespeare, poderíamos inferir que ele viveu e escreveu num período em que os dois sistemas competiam pela aceitação popular. Essa inferência é correta e temos uma prova definitiva disso.

Na valiosa biblioteca de livros escolares[7] reunida pelo sr. George A. Plimpton, que ele gentilmente me permitiu consultar, há um livro de Freiburg, datado de 1503, publicado por Gregorius Reisch com o título de *Margarita Philosophica*. Nesse livro, que em certo sentido é um compêndio de ciências, há um capítulo sobre aritmética, ilustrado com uma vinheta que mostra na mesma página dois eruditos, lado a lado, um deles praticando a aritmética com o números arábicos, o outro com contas ou peças sobre uma tábua dividida em quadrados, como um tabuleiro de xadrez.[8] Na biblioteca do sr. Plimpton há outro livro com data de MDLVIII, em outras palavras, publicado seis anos antes do nascimento de Shakespeare e escrito pelo médico Roberte Recorde, doutor em *physica*. Trata-se de obra destinada a ensinar "o trabalho e a prática da aritmética, tanto em números inteiros e frações, de acordo com uma maneira mais fácil e exata que qualquer outro até agora publicado". Divide-se em quatro partes. A primeira ensina a prática da aritmética com a pena, a segunda, "acompanhada por contas". É bastante evidente que esses escritores não consideram o sistema novo plenamente estabelecido e, portanto, dão aos leitores a escolha. É muito provável que Shakespeare tenha usado o livro de Recorde e, desse modo, se familiarizado com ambos os sistemas quando ainda era menino. A astronomia vivia uma situação semelhante, e Recorde, em *The Castle of Knowledge*, descreve com igual imparcialidade os sistemas ptolomaico e copernicano de astronomia.[9] A aritmética de Shakespeare reflete com absoluta precisão o período de transição em que ele viveu.

Por uma curiosa coincidência histórica, no mesmo século em que a aritmética com o uso de contas era lentamente substituída na Inglaterra pelo sistema arábico de notação, com seu inestimável zero, o Japão também progredia do sistema mais primitivo das contas feitas com varetas curtas, ou *sangi*, para o mais elaborado *soroban*, ou ábaco, adaptado do *suanpan* chinês.[10]

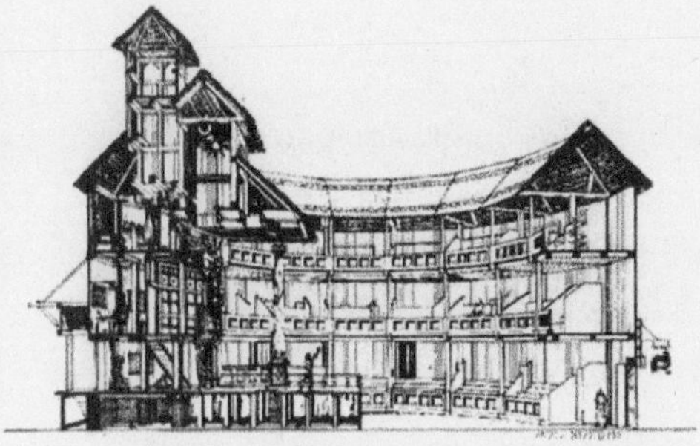

6. O TRABALHO E SEU STATUS

O trabalho, no sentido da classe trabalhadora, ou proletariado, não ocorre no vocabulário de Shakespeare. As pessoas, evidentemente, tinham de trabalhar, mas havia pouco do que chamamos agora de consciência de classe entre os trabalhadores da era elisabetana. Eles se viam como carpinteiros, alfaiates, pedreiros, pastores, e não como membros de um grande exército de mão de obra perfilado contra o capital. Os artesãos das cidades organizavam-se em guildas de atividades específicas. O trabalho de tirar alimento do solo e produzir matérias-primas da manufatura, como lã, cânhamo e madeira, era realizado no campo, em parte por locatários que usavam as terras de algum proprietário sob condições variadas, em parte por homens e mulheres que trabalhavam em troca de salários.

Apesar de revoltas semipolíticas como a de Jack Cade, não havia qualquer movimento operário no sentido moderno da palavra. Shakespeare dá-nos um retrato do trabalhador agrícola ou artesão, mas é vago. Os assalariados raramente desempenham papel preeminente na ação de suas peças. Vamos encontrá-los sobretudo em papéis com poucas falas, e existem apenas alusões ocasionais às condições de vida do trabalhador.

Os artesãos das peças de Shakespeare aparecem, em geral, como personagens cômicos. Em *Sonho de uma noite de verão*, temos um grupo de seis – um carpinteiro, um marceneiro, um tecelão, um remenda-foles, um funileiro e um alfaiate, mas eles entram no palco como atores amadores, tentando apresentar a tragédia de *Píramo e Tisbe*, e grande parte do divertimento que provocam é proporcionado involuntariamente por seus disparates. O alfaiate e o camiseiro de *A megera domada* também têm papéis cômicos, e o mesmo vale para Christopher Sly, o funileiro bêbado do Prólogo. Um ourives aparece em *A comédia dos erros*, e um joalheiro e comerciante em *Tímon de Atenas*. Em *Henrique VI*, há o curioso incidente de Horner, o armeiro, e seu aprendiz. O interesse deles para o leitor moderno está no fato de que figuram como protagonistas de um duelo. São objeto mais do estudante de direito que do economista. Nada nos dizem sobre seu ofício.

Em *Noite de reis*, o duque, ao se referir casualmente à

fiandeira que tricota ao sol
E as donzelas que fiam na roca
(Ato II cena IV 45-6)

nos lembra da introdução, na Inglaterra, da indústria de renda espanhola, por Catarina de Aragão.[1] Na história da rebelião de Jack Cade, há, além de Cade, vendedor de roupas, Dick, o açougueiro, Smith, o tecelão, um serrador, bem como referências ao filho de Best, curtidor de Wingham, o pai de Cade, pedreiro, e a mãe de Cade, parteira (*2 Henrique VI*, Ato IV cena II 24-30, 42-4). Mas todo o tratamento da rebelião é calculado para torná-la ridícula, e nenhum significado é atribuído às ocupações. Há também muitas referências incidentais que indicam desprezo pelos trabalhadores de mãos calejadas. Puck assim descreve os atores de *Píramo e Tisbe*:

Alguns artífices, sem condição,
Que nas lojas de Atenas ganham pão,
Ensaiavam um drama desastrado,
Pra ser no casamento apresentado.
O mais boçal de toda a triste escória,
Que fazia de Píramo da história,
Saiu de cena e entrou por um arbusto,
E eu, aproveitando, dei-lhe um susto:
Um focinho de burro para usar
(*Sonho de uma noite de verão*, Ato III cena II 9s)

Coriolano expressa sua opinião sobre os artesãos de Roma nestas linhas:

... Não supliquem
Que eu debande essa tropa, ou inda trate
Com artesãos romanos
(*Coriolano*, Ato V cena III 81-3)

Desdém semelhante é expresso na mesma peça por Menênio:

Um bom trabalho!
Vocês e os artesãos tanto lutaram
Pelo voto do povo que era dado
Com hálito de alho!
(Ato IV cena VI 96-9)

e acrescenta:

Com essas mãos
Boas vocês armaram! Que beleza!*
(Ato IV cena VI 118-9)

O rei, em *Ricardo II*, faz o mesmo trocadilho de Menênio com a palavra *craft* e mostra seu desprezo pelas classes trabalhadoras na seguinte crítica a Bolingbroke:

Eu mesmo e Bushy, aqui, Bagot e Green,
Vimo-lo cortejando o povaréu,
E como entrava nos seus corações
Com cortesia humilde e familiar;
Que reverência gastou com os escravos,
Cortejando artesãos com seus sorrisos,**
E arcando com paciência o seu destino.
Para levar, banidos, seus afetos,
Ele tira o chapéu a uma peixeira,
Dois carroceiros dizem "Vá com Deus"
E o seu joelho pagou tal tributo,
Com "Grato, meus patrícios, meus amigos" —

---

* No original: "You and your crafts! You have crafted fair!" (N.E.)
** No original: "Wooing poor craftsmen with the craft of smiles." (N.E.)

Como, mudado, o reino fosse dele,
E ele o herdeiro, para os nossos súditos.
(*Ricardo II*, Ato I cena IV 23s)

Cleópatra diz:

... a plebe escrava
De aventais sujos, réguas e martelos,
É que irá carregar-nos. E na névoa
De seu bafo de dieta barata,
Beberemos seus vapores.
(*Antônio e Cleópatra*, Ato V cena II 212-6)

Essas referências dão plausibilidade à afirmação de alguns socialistas de que Shakespeare desprezava as classes trabalhadoras e era um tipo esnobe. Não pretendo conhecer a mente de Shakespeare. Mas parece-me um erro supor que o autor de uma peça compartilhe as opiniões que atribui a seus personagens. Em todos esses casos, o desprezo se encaixa na personagem que o exprime, e o que o dramaturgo faz é apenas pôr na boca de aristocratas os sentimentos que eles naturalmente tinham.

A inferência que pode razoavelmente ser feita a partir de Shakespeare é que ele viveu numa época em que as variadas artes manuais eram executadas por artesãos de importância relativamente pequena, trabalhando em geral por encomenda, e que eram com frequência limitados e ignorantes. Sem dúvida não se pode afirmar que os trabalhadores aparecem sempre sob uma luz desfavorável ou que todas essas referências eram injustificadas. Tomemos, por exemplo, este retrato do velho Adam em *Como quiserem*, a própria personificação de um senso consciencioso de dever:

Adam: Eu tenho quinhentas coroas,
Que ao tempo de seu pai, do meu salário,
Pude juntar, pra ser mãe adotiva,
Quando já não prestasse pra servir,
E me visse esquecido em algum canto.
Tome-as, e Aquele que alimenta os pássaros
Há de velar por mim. 'Stá aqui o ouro,
Eu lhe dou tudo. Deixe-me servi-lo.

Embora velho, sou rijo e de fibra,
Pois quando moço nunca sujeitei
O meu sangue a bebidas muito quentes;
E nem dei cabeçadas procurando
Tudo o que debilita e enfraquece.
Minha velhice, assim, é inverno forte,
Gelado mas amigo. Se levar-me,
Eu servirei melhor que muito jovem,
Em seus trabalhos e necessidades.
(Ato II cena III 38s)

Ou o esboço de Corin, em *Como quiserem*, citado no Capítulo 4.

Em muitos casos, os artesãos se uniam para formar pequenos monopólios e controlar o mercado em seu interesse próprio. E não devemos esquecer que a maioria dos que faziam esse tipo de trabalho não era de meros assalariados no sentido moderno da palavra, mas, na realidade, pequenos capitalistas que, fortemente organizados em guildas nos reinados de Elisabeth e Jaime I, lutavam (em vão, como ficou claro depois) para manter seus pequenos privilégios contra o interesse do resto da população. Essa é uma das questões levantadas em *The Briefe Conceipt*.

Os trabalhadores em Shakespeare com frequência eram pequenos comerciantes. Há poucas referências a esse tipo de negócio, mas o retrato da loja de um boticário em *Romeu e Julieta* parece ser tirado da vida real. Romeu assim a descreve:

Eu me lembro que há um boticário
Que mora por aqui – há pouco o vi,
Em andrajos, com o ar preocupado,
Catando ervas. Com o aspecto esquálido
Sua miséria lhe exibia os ossos.
Em sua loja pendem tartarugas,
Jacarés empalhados, outras peles
De estranhos peixes; e nas prateleiras,
Uma fila de caixas já vazias,
Potes, bexigas e sementes secas,
Pedaços de barbantes, rosas secas,
Se espalham para impressionar o quadro.

Notando essa penúria, pensei eu:
"Se alguém, agora, quisesse um veneno
Cuja venda fosse proibida aqui em Mântua,
Esse é o infeliz que o poderia obter".
Eu já prenunciava esta necessidade!
Pois ele há de vender-me o que eu preciso.
Parece-me que é esta a casa dele.
É feriado; a loja está fechada.
Boticário! Onde está?
(Ato V cena I 37s)

A negociação entre Romeu, o jovem aristocrata, e o boticário em relação à venda ilegal de veneno também é realista, e a atitude do jovem rico, disposto a pagar para infringir uma lei que julga fastidiosa, era, sem dúvida, a mesma no tempo de Shakespeare e nos dias de hoje. Romeu oferece suborno com estas palavras:

Pobreza e opressão comem seus olhos;
Desprezo e mendicância é o que vestem;
As leis do mundo não lhe têm amor:
Nenhuma lei do mundo o fará rico;
Pois pobre, quebre a lei e aceite isto.
BOTICÁRIO: Consinto por pobreza, não por vontade.
ROMEU: Eu não pago a sua vontade, só a sua pobreza.
(Ato V cena I 70s)

Qualquer que fosse a opinião pessoal de Shakespeare sobre os artesãos, é razoável inferir que não estava especialmente interessado neles, nem por eles impressionado, e que tinham pouca influência em seu pensamento. Contudo, as alusões que ocorrem em suas peças nos dão uma imagem razoável ao delinear a situação desses artesãos.

O trabalho agrícola passava por um período de transição correspondente à transformação da posse da terra e da agricultura, como vimos ao tratarmos dos cercamentos. Quando Orlando diz

O constante serviço de outros tempos,
Que, por dever, não ganho, transpirava
(*Como quiserem*, Ato II cena III 57-8),

ele está sendo mais que um mero *laudator temporis acti*.* Shakespeare dificilmente faria um homem tão jovem se referir aos bons tempos de outrora, exceto se tivesse havido uma mudança realmente significativa. Com efeito, essa mudança estava em andamento.

No sistema feudal, cada classe da sociedade tinha seus deveres claramente determinados pela lei e a tradição. Nos séculos XVI e XVII, o trabalho se tornava mais comercializado. Passava de uma condição de status para outra, de contrato. A transição não era muito diferente daquela que ocorreu no Sul dos Estados Unidos depois da Guerra Civil. Ali também os ex-senhores de escravos ainda contrastavam a fidelidade constante dos antigos escravos com a preguiça e indiferença do negro livre.

O velho Adam, a quem Orlando se refere, parece ter sido criado pessoal, e não trabalhador rural, e Shakespeare apresenta relativamente poucas referências a estes, exceto como cômicos e bufões que interpretam em geral cenas de baixa comédia, combinadas muitas vezes com humor rústico e tosco senso comum. Há poucos trechos que nos proporcionam algum perfil das funções dos diferentes tipos de trabalho agrícola. É verdade, como vimos no Capítulo 4, que há muitas referências a pastores e que vários deles têm falas nas peças. Mas, afora a "miscelânea de cabriolas" (*Conto de inverno*, Ato IV cena IV 335) interpretada em *Conto de inverno* por três carroceiros, três porqueiros, três boiadeiros e três pastores de ovelhas, a palavra "boiadeiro" ocorre apenas uma vez (*Cimbeline*, Ato I cena I 148), e as palavras "porqueiro" e "vaqueiro" estão ausentes de todo. Há provavelmente um bom motivo para isso.

O cultivo da terra era feito com implementos primitivos e segundo métodos primitivos. Havia pouca coisa nisso que pudesse interessar a um homem como Shakespeare. Mas a criação de ovelhas e o comércio de lã que a acompanhava eram atividades progressistas e mais estreitamente ligadas à vida citadina do que a lavoura. Portanto, era natural que ele se referisse com mais frequência a pastores de ovelhas que a qualquer outra classe de trabalhadores do campo.

Há pouca coisa em Shakespeare relacionada a salários ou condições de vida dos trabalhadores, urbanos ou rurais. Mas em *Conto de inverno* há um retrato do que era necessário para uma ocasião especial como a festa da tosquia.

* Em latim no original: apologista do tempo passado. (N.E.)

Deixa eu ver [diz o Cômico]: o que tenho de comprar para a festa da tosquia? Três libras de açúcar, cinco libras de passas, arroz — o que será que essa minha irmã vai querer com arroz? Mas meu pai fez dela a dona da festa, e ela fica mandando. Ela me fez preparar vinte e quatro buquês para os tosquiadores, todos cantam no coro, e muito bem; mas a maioria é voz do meio e baixos, a não ser só um puritano, que canta hinos fininho, com a flauta. Preciso de açafrão para colorir as tortas de pera; casca de noz-moscada; tâmaras, não — não estão na lista; sete nozes-moscadas; uma raiz ou duas de gengibre, mas isso posso pedir; quatro libras de ameixas-pretas, e o mesmo de passas brancas.
(Ato IV cena III 37s)

Uma das consequências do período de transição a que nos referimos foi que um grande número de trabalhadores rurais ficou sem ocupação, e isso produziu muita vagabundagem que amiúde degenerava em crime. Havia muitas gradações e classes desses andarilhos, e o desemprego era um dos principais males que levaram à aprovação da famosa Lei dos Pobres, de Elisabeth, em 1601.[2] As pessoas chamadas por Dogberry de "vagabundos" estão tipificadas no personagem de Autólico, parte trapaceiro, parte vendedor ambulante, e no disfarce assumido por Edgar em *Rei Lear*, quando aparece como mendigo a fim de escapar à ira de Gloucester. Ele nos apresenta uma imagem da época, tirada da vida real, quando diz:

A terra dá-me exemplo e precedente
Nos mendigos de Bedlam; com seus gritos,
Cravam nos braços nus e semimortos
Pregos, farpas, unhas, espinhos;
E se mostrando assim, em sítios vis,
Aldeias pobres, moinhos, estábulos,
Com pragas loucas, e às vezes com preces,
Vão esmolando.
(Ato II cena III 14s)

Se pensarmos nos malandros que batem à nossa porta e pedem dinheiro a fim de comprar uma passagem para uma cidade vizinha onde têm amigos ou um emprego a esperá-los, reconhecemos seu protótipo no "tratante valente" elisabetano Autólico, que diz: "Nada disso, senhor; eu lhe imploro; tenho um parente bem aqui nos arredores, para onde eu vou: lá me dão dinheiro e tudo o que eu precisar; não me dê dinheiro, lhe peço de coração" (*Conto de inverno*, Ato IV cena III 83s).

O trecho seguinte de autobiografia também deve parecer familiar, *mutatis mutandis*, para quem já teve de lidar com um vigarista moderno:

> AUTÓLICO: Falo de vícios. Conheço o homem muito bem; já treinou macaco, já foi meirinho, contou com bonecos a história do Filho Pródigo, e casou com a mulher de um funileiro lá onde moro; tendo pulado de um para outro tanto ofício safado, acabou se estabelecendo como vigarista. Tem gente que o chama de Autólico.
> (Ato IV cena III 100s)

Embora Shakespeare seja menos específico em suas alusões aos trabalhadores do que nas menções a outros aspectos da vida econômica, ainda assim nos oferece dados relativos à situação do trabalho urbano nas ocupações e do trabalho rural na agricultura. Vemos alguma coisa dos diferentes tipos de trabalho manual e dos diversos tipos de trabalhador no campo, e apreciamos também um perfil dos desempregados, vagabundos, malandros e semicriminosos que infestavam o campo no período de transição.

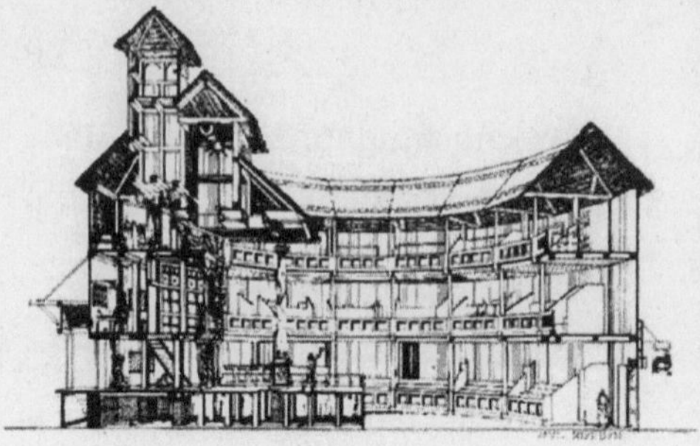

7. Economia social

Shakespeare foi severamente atacado por certos radicais em virtude de seu suposto esnobismo. Assim, diz George Bernard Shaw:

> Eu tenho lutado bastante a fim de abrir os olhos ingleses para o vazio da filosofia de Shakespeare, a superficialidade e o caráter de segunda mão de sua moralidade, para sua fraqueza e incoerência como pensador, seu esnobismo, seus preconceitos vulgares, sua ignorância, suas desqualificações de todos os tipos para a eminência filosófica a ele atribuída.[1]

Ernest Crosby fez um ataque mais elaborado ao reunir grande massa de citações com o objetivo de mostrar como Shakespeare era um velho conservador reacionário.[2] Assim, ele destaca que sir Humphrey Stafford chama Jack Cade e seus companheiros de

> Gentalha revoltada, escória de Kent,
> Marcada para a forca
> (*2 Henrique VI*, Ato IV cena II 130-1)

Do discurso de Ulisses em *Troilus e Créssida*, Crosby diz que é "um longo panegírico sobre autoridade, hierarquia e grau, que pode ser tomado como uma confissão de fé de Shakespeare".

Tolstói critica-o de vários pontos de vista e nada de bom vê nele.[3] Afirma que suas tramas são ruins, seus personagens retratados de forma inconsistente, e todo o seu ponto de vista carece de religião e ética. Não concede mesmo que tenha humor ou espirituosidade, e o melhor que tem a dizer é que é dotado de certo talento no uso do som. Tolstói observa que o mérito de uma obra poética depende de três coisas: o tema da obra, a beleza externa alcançada por "métodos técnicos próprios do tipo particular de arte" e a sinceridade. Em nenhum desses três aspectos Shakespeare lhe agrada. E conclui: "As obras de Shakespeare não satisfazem às exigências de toda arte, e, além disso, a tendência delas é para o mais baixo e imoral."

Diante de denúncia tão cabal, Tolstói se vê obviamente obrigado a dar aos seus leitores alguma justificativa para a reputação notável de Shakespeare, não somente no mundo da língua inglesa, mas também na Alemanha e na França – e dá: atribui essa reputação principalmente aos críticos alemães, em particular a Goethe. Argumenta que os alemães gostavam dele sobretudo em virtude

> do ensinamento, que surge entre os escritores alemães no final do século XVIII e início do XIX, quanto à chamada arte objetiva, isto é, arte indiferente ao bem e ao mal, em conexão com o elogio exagerado dos dramas de Shakespeare, que correspondem em parte aos ensinamentos estéticos dos alemães, e em parte servem de material para eles.

Não é meu objetivo entrar numa discussão com Tolstói ou qualquer outro sobre o poder dramático de Shakespeare ou seu humor. A incapacidade do romancista russo de apreciar esse humor sugere que

> O sucesso do chiste vem do ouvido
> De quem o ouve, e nunca da palavra
> De quem fala
> (*Trabalhos de amor perdidos*, Ato V cena II 871-3),

e isso pode explicar o fracasso de Shakespeare em provocar um sorriso em Tolstói. Mas, em um aspecto, creio que o russo tem razão. Shakespeare era objetivo, e embora muitos críticos tenham tentado ligar seus temas e a atitude mental de suas peças a eventos de sua vida, e atribuam o período de suas tragédias ao desencanto pessoal, pode-se dizer, em geral, que ele não impõe sua personalidade por intermédio de seus personagens. Shakespeare faz com que eles se expressem, e não se pode dizer com certeza se o autor simpatizava ou não com as opiniões colocadas na boca de seus atores. A partir de suas peças, é fácil montar uma argumentação a favor do radicalismo, tanto quanto do conservadorismo: basta escolher bem as citações.

É verdade que Ulisses apresenta uma argumentação forte em *Troilus e Créssida* (Ato I cena III 100-25) a favor de uma organização articulada da sociedade. Isso não significa necessariamente aristocracia. O trecho foi provocado pela deslealdade de muitos dos gregos, e Ulisses faz um apelo em favor da cooperação e da subordinação do interesse pessoal a uma causa comum.

Mas devemos lembrar que o período em que Shakespeare viveu foi de domínio de classe e de privilégios. A democracia era desconhecida, exceto como ideal de muito poucos. Ele certamente apresenta o retrato de uma sociedade aristocrática que emerge do feudalismo, na qual a riqueza estava concentrada, comparativamente, em poucas mãos, o direito da primogenitura prevalecia, o soberano concedia privilégios a favoritos, o poder político e a riqueza estavam associados, e esse poder era usado como meio de adquirir riqueza. Basta lembrar o cardeal Wolsey, Francis Bacon e outros. O único poder capaz de controlá-los era o soberano. Os Tudor eram rapaces e inescrupulosos, mas defendiam a unidade nacional contra a descentralização feudal, a independência nacional contra a dominação política da Espanha e a dominação espiritual de Roma. Eles estimularam a literatura e as artes. Não surpreende que os ingleses patriotas considerassem seu soberano o promotor da glória da Grã-Bretanha.

Aquele foi também um período em que se discutiam novos ideais. Embora Shakespeare não dê uma fala a sir Thomas More em *Henrique VIII*, refere-se a ele pelo nome e devia conhecer sua *Utopia*. Em muitos trechos, encontramos provas de que, quaisquer que fossem suas opiniões pessoais, ele estava plenamente consciente da existência de problemas no campo do que deveríamos chamar agora de economia social. Com isso nos referimos à relação das condições econômicas com o bem-estar social ou a estrutura da sociedade. Essas condições podem resultar de processos nocivos de produção ou de uma distribuição de renda inadequada, especialmente injusta, ou ainda de um consumo antissocial. As duas últimas parecem ser aquelas que mais atraíram a atenção de Shakespeare.

Os males da distribuição desigual da riqueza estavam obviamente em sua mente quando colocou na boca de Gloucester estes versos:

> Que o homem satisfeito e luxurioso,
> Que abusa de ti e não quer ver,
> Porque não sente, sinta o teu poder!

A distribuição anula o excesso
E serve a todos.
(*Rei Lear*, Ato IV cena I 70s)

O próprio George Bernard Shaw dificilmente poderia declarar de forma mais clara ou sucinta sua doutrina da distribuição equitativa da renda. Ou tomemos este trecho em que o rei investe contra a prostituição da justiça em favor da riqueza:

Lear: O homem pode ver como anda esse mundo sem os olhos. Olhe com as orelhas: veja como aquele juiz descompõe aquele ladrãozinho. Atente com as orelhas: troque os lugares e pronto! Qual é o juiz, qual é o ladrão? Já viu o cão de um fazendeiro latir para um mendigo?
Gloucester: Já, senhor.
Lear: E a criatura fugir do vira-lata?
Nisso se vê a grande imagem da autoridade:
um cão é obedecido se ocupa um cargo.
Meirinho vil, para essa mão sangrenta!
Por que bater na puta? Mostra as costas!
'Stás louco por usá-la para o ato,
Por que lhe bates. O cão mata o rato.
Por roupas rotas vemos pecadilhos;
Peles tapam tudo. Doura-se o erro,
E quebra logo a lança da justiça;
Palha de pigmeu perfura trapos.
Ninguém ofende, ninguém mesmo, eu juro;
Eu o afirmo, amigos, eu que posso
Calar o acusador. Com olhos de vidro
Poderás, qual político, fingir
Que vês o que não vês.
(*Rei Lear*, Ato IV cena VI 153s)

Em *A tempestade*, Shakespeare introduz realmente o retrato de um Estado ideal ou Utopia que chega muito perto do ideal dos anarquistas filosóficos do tipo de Tolstói, que argumentam que a maioria dos males da sociedade vem do governo, e portanto sua abolição traria uma época de ouro. Vale a pena citar em detalhes essa descrição do Estado ideal, com todo o cenário.

Gonzalo: Se a ilha fosse minha plantação, senhor...
Antônio: Semeava de espinhos.
Sebastian: Ou de malva.
Gonzalo: E sendo dela o rei, o que faria?
Sebastian: Ficava sóbrio, por falta de vinho.
Gonzalo: Pro bem-estar geral, eu contra os hábitos
    Faria tudo. Pois nenhum comércio
    Admitiria. E nem magistrados;
    Nada de letras. Riqueza e pobreza,
    Qual serviços, nada. Nem sucessões,
    Contratos, vinhas, limites de terra;
    Nem uso de metais, milho, óleo ou vinho.
    Nenhuma ocupação. No ócio o homem,
    Como a mulher, mas puros e inocentes,
    Nada de soberania.
Sebastian: E ele rei.
Antônio: O fim do bem-estar geral esqueceu do começo.
Gonzalo: A natureza fartaria a todos
    Sem esforço ou suor. Traição e crime,
    Espadas, facas ou necessidade
    De todo engenho eu jamais teria.
    Pois de si jorraria a natureza
    Em abundância sua colheita boa,
    Pr'alimentar o meu povo inocente.
Sebastian: Nada de casamentos entre os súditos?
Antônio: Nada, homem; todos no ócio — putas e calhordas.
Gonzalo: Governaria eu tão bem, senhor,
Que excederia a Idade do Ouro.
Sebastian: Salve, Sua Majestade!
Antônio: Longa vida a Gonzalo!
    (*A tempestade*, Ato II cena I 144s)

Nesse trecho, estaria Shakespeare expressando seu próprio ideal ou não? Os que se decidem pela negativa podem apontar que Sebastian e Antônio, com suas interrupções, transformam toda a proposta num absurdo. Os que defendem opinião oposta poderiam retrucar que seus críticos são os mesmos homens que pouco depois, na mesma cena, tentam matar Alonzo enquanto este dorme, de tal forma que a crítica de tais traidores seria um argumento a favor da proposição.

Como em outros casos, não pretendo dizer o Shakespeare pensava, mas conhecemos sua fonte. A descrição que Gonzalo faz de seu Estado ideal é tirada quase literalmente da tradução que Florio fez de Montaigne.[4] No original, o trecho está no capítulo XXX do Livro I, intitulado *Dos Canibais*. Montaigne começa chamando atenção para a insensatez de pensar que as coisas não familiares são bárbaras, e diz que devemos ter cuidado para não aderir a opiniões vulgares, mas julgar as coisas com a razão. Então, ele escreve: "Tive durante muito tempo comigo um homem que vivera dez ou doze anos nesse outro mundo que foi descoberto no nosso século, num lugar onde Villegaignon tocou terra, que denominou França Antártica." Depois de se referir às opiniões dos antigos sobre uma ilha no extremo ocidente, ele continua:

> O homem que eu tinha comigo era simples e rude, condição própria de um verdadeiro testemunho, porque os espíritos requintados, conquanto observem com maior cuidado e maior número de coisas, costumam glosá-las; e, para tornar válida e persuasiva sua interpretação, não resistem ao prazer de alterar um pouco a história; jamais apresentam as coisas puras e sempre as modificam e desfiguram conforme a aparência em que as viram.

Expressando o desejo de que todos escrevessem sobre as coisas que sabem e tudo o que sabem, ele prossegue: "Voltando ao meu assunto, creio que nada há de bárbaro ou de selvagem nessa nação, a julgar pelo que me foi referido; sucede, porém, que classificamos de *barbárie* o que é alheio aos nossos costumes." Referindo-se então às opiniões de Platão e de outros, ele prossegue:

> Pois se me afigura que o que nós, por experiência, vemos nessas nações ultrapassa não apenas todas as pinturas com que a poesia embelezou a idade de ouro da humanidade e tudo quanto se possa imaginar para tornar feliz a condição humana, mas ainda a concepção e o próprio objetivo da filosofia. Não imaginaram eles ingenuidade tão pura e simples como a que nós vemos nesse país; nem acreditaram que uma sociedade se pudesse manter com tão pouco artifício e tão pouca soldadura humana.

E então vem o trecho em questão:

> É uma nação, diria eu a Platão, em que não existe qualquer tipo de tráfico, conhecimento de letras, ciência de números, nome de magistrado ou de outra dignidade

que indique superioridade política, servidão, riqueza ou pobreza, contratos, sucessões, partilhas; de ocupações, apenas as agradáveis; de relações de parentesco, só as comuns; nem vestimentas, nem agricultura, nem metais; não bebem vinho nem cultivam cereais. Da mentira, da traição, da dissimulação, da avareza, da inveja, da maledicência, do perdão, ignoram até a palavra.

Observe-se o método de Shakespeare. Ele toma o que passa por um relato sobre um povo real feito por um homem simples e iletrado. Apropria-se dele quase literalmente e o transforma num ideal pela inserção desta frase:

Se a ilha fosse minha plantação, senhor...
Pro bem-estar geral, eu contra os hábitos
Faria tudo.

Shakespeare, com seus estudos de história, devia conhecer as ideias radicais de John Ball, Jack Cade e dos *levellers*. Mas existe uma prova curiosa de que essas ideias devem ter chegado a ele de forma mais direta. A notável coleção de livros escolares do sr. George A. Plimpton, a biblioteca mais abrangente desse tipo no mundo, contém um livro de cópias escrito por Beauchesne e Baildon destinado a iniciar os alunos na arte da caligrafia. É um espécime único, impresso no tempo de Shakespeare, e John Baildon, o parceiro de Beauchesne na organização do livro, era um homem de Stratford. Portanto, parece bastante provável que tenha sido com este livro que o menino Shakespeare aprendeu a escrever. Ora, o curioso é que sua primeira página contém o texto seguinte, simplesmente inserido como um modelo para escrever atribuído a Platão:

Maiúsculas.
Todos os homens são por natureza iguais, feitos todos por um único artífice do mesmo barro, & por mais que nos enganemos, pois junto a Deus está o mendigo mais pobre assim como o mais pomposo príncipe que vive no mundo. Platão

As mesmas palavras da primeira parte desta frase aparecem também no topo das ordenanças dos pedreiros de Hull,[5] que, depois de citar os versos de abertura do Evangelho de São João, acrescentam esse sentimento atribuindo-o a Platão: "Todos os homens são por natureza iguais, feitos todos por um único artífice do mesmo barro." O próprio Shakespeare usa expressão semelhante em *Cimbeline*, quando Belário diz:

... e embora inimigo
Pagou por isso; juntos, pobre e rico
Apodrecem no mesmo pó. Respeito,
O anjo do mundo, é que os distingue
E coloca alto e baixo.
(Ato IV cena II 246s)

Embora nesse trecho a ênfase esteja na ideia de que a igualdade na morte não é incoerente com as distinções de posição na vida, ele concorda com a citação anterior, que clama a igualdade final de todos.

O programa radical de Jack Cade é apresentado por Shakespeare com espírito de sátira e, às vezes, é citado pelos conservadores de hoje que querem ridicularizar alguma reforma a que se opõem. Mas olhemos mais de perto:

CADE: Sejam bravos, portanto, pois vosso capitão é valente e jura promover uma reforma. Na Inglaterra, sete pães de meio *penny* serão vendidos por um *penny*; as canecas de três aros passarão a ter dez, e será delito grave beber cerveja fraca. Todo o reino será propriedade comum e meu corcel irá pastar em Cheapside. E quando eu for rei – pois rei serei...

TODOS: Deus salve vossa majestade!

CADE: Obrigado, bom povo! Não haverá dinheiro: todos comerão e beberão à minha custa. Farei que todos usem o mesmo uniforme, para que ajam como irmãos e me venerem como seu senhor.

(*2 Henrique VI* Cena IV ato II 69s)

....

CADE: Onde está Dick, o açougueiro de Ashford?

DICK: Aqui, senhor.

CADE: Eles caíram diante de ti como carneiros e bois e tu te comportaste como se estivesses em teu matadouro; portanto, vou recompensar-te assim: a Quaresma vai durar o dobro, e terás permissão para matar cem menos um.

(Ato IV cena III 1s)

O aspecto realmente interessante desse retrato como um todo é que a proposta de baixar o preço do pão vendendo sete pães de meio *penny* por um *penny* apenas expandia a ideia de controle de preço já vigente e familiar no Regulamento do Pão. Portanto, de acordo com o sr. Unwin,

não é um absurdo maluco, mas representa apenas a visão exagerada assumida por um reformador entusiasmado com os poderes reguladores do governo. Conforme o Regulamento, o peso do pão de *penny* era alterado de tempos em tempos de acordo com o preço do trigo, e o número de galões de cerveja a serem vendidos por um *penny* era fixado tendo por referência o preço da cevada.[6]

Desse modo, o trecho ilustra um traço comum da vida industrial na Inglaterra, bem como no continente europeu, onde muitos preços eram regulamentados, dentro do sistema de guildas. Isso se fazia no interesse do comércio justo, para proteger tanto o produtor como o consumidor das flutuações extremas. Seu objetivo era evitar o açambarcamento ou a exploração de uma escassez no mercado, como provavelmente aconteceria, sobretudo numa época em que o transporte era difícil, e, portanto, a escassez em uma região não podia ser remediada com o excedente de outra parte do país.

Sem dúvida Shakespeare pretendia satirizar Jack Cade, mas, afinal, Cade simplesmente tentava realizar em seu interesse e no de seus seguidores o que era comum no caso de comerciantes capitalistas. O privilégio que propôs conceder a Dick, o açougueiro, primeiro dobrando a duração da Quaresma e depois lhe dando a chance de obter dinheiro por uma isenção especial das limitações normais, não passava da concessão, ao açougueiro, do tipo de monopólio com que a Boa Rainha Bess tinha por hábito agraciar seus cortesãos.[7] Portanto, quaisquer que fossem as simpatias de Shakespeare, ele nos faz, na história da rebelião de Cade, um retrato claro da distribuição desigual de riqueza pelo favoritismo comum no século XVI, que era tão detestável para os membros da Câmara dos Comuns que a própria rainha Elisabeth foi finalmente forçada a ceder a seus protestos.

Os abusos da riqueza e do privilégio são satirizados pelo Primeiro Pescador em *Péricles*. Em resposta à indagação do Terceiro Pescador, "Mestre, não entendo como os peixes conseguem viver no mar", ele diz:

> Como os homens na terra; os grandes comem os pequenos. Nada parece tanto com nossos avarentos ricos quanto uma baleia: brincam, empurram os pobres dos pequenos, até engolirem todos de uma vez. Já ouvi falar de baleias que só fecham a boca depois de engolir a paróquia, a igreja, campanário, sinos e tudo.
> (Ato II cena I 31s)

Isso leva Péricles a meditar:

> Vejam como a partir de peixe e mar
> Eles pescaram os males dos homens;

E colhem, de seu império das águas,
O que é de aplaudir ou condenar!
Paz no trabalho, honestos pescadores.
(Ato II cena I 52-6)

Em *Coriolano*, o Primeiro Cidadão nos dá este retrato do abuso do poder pela riqueza:

Mas cuidado conosco! Grande verdade! Eles jamais se importaram conosco. Deixam-nos passar fome, com os armazéns atulhados de grãos; fazem leis sobre usura que apoiam os usurários; anulam diariamente toda lei saudável passada contra os ricos, e a cada dia anunciam estatutos mais rígidos para acorrentar e cercear os pobres. Se as guerras não nos engolirem, eles o farão; e é esse o amor que eles têm por nós.
(Ato I cena I 81s)

Outro exemplo da mesma coisa ocorre onde o leitor dificilmente estaria esperando por ela. A cena do cemitério em *Hamlet* deu aos advogados material para minuciosas e doutas discussões sobre os conhecimentos de direito de Shakespeare.[8] Mas a cena também tem interesse para o economista social. Depois que o primeiro coveiro nos dá sua deliciosa paródia do casuísmo da profissão jurídica e apresenta argumentos a favor e contra o suicídio de Ofélia, e, portanto, se ela merecia ser enterrada ou não em terreno consagrado, seu assistente resume toda a questão com uma referência direta aos fatos sociais e econômicos quando diz: "Queres saber a verdade? Se ela não fosse nobre seria enterrada fora do ritual cristão" (*Hamlet*, Ato V cena I 25-6).

Em outras palavras, até na morte as pessoas ricas e de posição social elevada gozam de privilégios em relação às outras criaturas. Diante desse comentário, o primeiro coveiro retruca: "Assim o disseste; e é uma lástima que os grandes deste mundo tenham o direito de afogar-se ou de enforcar-se mais do que qualquer outro cristão" (Ato V cena I 27s).

O que esses trechos indicam? Se eu resolvesse provar que Shakespeare no fundo era socialista, que acreditava na distribuição igualitária da renda e em impedir os abusos da riqueza, poderia citá-los com bastante plausibilidade e construir uma boa argumentação a favor de minha tese. Meu objetivo, no entanto, não é tão ambicioso. Não reivindico conhecer o que Shakespeare realmente pensava ou que opiniões tinha. Mas o fato de ele pôr os sentimentos citados na boca de seus personagens mostra que pelo menos estava perfeitamente consciente dos males que vêm do abuso e da distribuição injusta da riqueza vigentes em sua época.

Se aplicarmos o método da citação descontextualizada, podemos montar um bom argumento para quase qualquer teoria. É possível provar que Shakespeare era um irremediável conservador, ou um socialista radical, ou um anarquista filosófico. Porém, um exame cuidadoso de seus personagens justifica as conclusões gerais do professor Schelling, que diz em seu estudo sobre a gente comum de Shakespeare:

> Portanto, nossa óbvia generalização no que diz respeito à atitude de Shakespeare em relação à gente comum, seja ela instruída ou não instruída, é esta: ele encontrou entre elas o estúpido, o ignorante, o pretensioso e o absurdo; mas encontrou também em cada classe o diligente, o digno e o capaz, e honrou cada um deles conforme seu tipo. Por suas loucuras, ridicularizou-os; por suas virtudes, que ele reconhecia, amou-os, sem ridicularizar ou respeitar em virtude da posição na vida.[9]

Shakespeare também percebeu a importância do consumo e sua influência na produção, bem como os efeitos sociais e econômicos de gostos pervertidos por parte do consumidor. A influência das carências dos consumidores como estímulo para a indústria é mostrada em *Cimbeline*, quando Belário diz:

> O suor da indústria secaria e morreria
> Não fora o fim para o qual ela trabalha
> (Ato III cena VI 31-2)

O efeito do aumento do consumo sobre os preços é objeto de uma observação jocosa de Launcelot: "essa história de fabricar cristão vai aumentar o preço dos leitões – se todo o mundo começa a comer porco, daqui a pouco ninguém mais vai ter dinheiro que dê para o toucinho" (*O mercador de Veneza*, Ato III cena V 24s).

A produção de riqueza é com frequência barrada pelo consumo antieconômico. Vários trechos das peças de Shakespeare ilustram uma consciência disso e muitos deles se referem ao hábito da bebida. Quanto a isso, ele percorre toda a gama da embriaguez. No fundo da escala está Christopher Sly, totalmente bêbado e inconsciente; depois temos Trinculo, bêbado estúpido; Cássio, bêbado brigão; Shallow, bêbado loquaz e tolo; Horner, o armeiro, jactanciosamente bêbado. Em Macbeth, o porteiro mostra o efeito da cabeça inchada no dia seguinte, enquanto no cordial Falstaff temos um homem de tamanha capacidade para beber que nunca parece saciar seu humor ou perder o gume de sua invectiva. Em muitos casos, a embriaguez é evidentemente introduzida como um trecho de comédia baixa para fazer a plateia rir. Em outros, há comentário sério, mostrando que Shakespeare tinha plena consciência das consequências sociais e econômicas do excesso.

Na história de Horner, em *Henrique VI, parte 2*, o duelo parece ser bastante desigual. O pobre aprendiz está muito apavorado. "Que Deus me abençoe!", exclama ele, "pois jamais serei capaz de enfrentar meu mestre, que já aprendeu tanto a lutar!" (Ato II cena III 77-9). Ele recusa a bebida oferecida por seus colegas aprendizes. O armeiro, por outro lado, confiante em sua superioridade no uso do bastão e do saco de areia, bebe com seus vizinhos, e bebe demais. O resultado é que o inexperiente mas sóbrio aprendiz supera o experimentado mas bêbado mestre, que admite finalmente a derrota e morre confessando sua traição.

Em *Otelo*, grande parte da tragédia deve-se à fraqueza de Cássio pela bebida. Há uma apologia plausível ao vinho na peça, mas é colocada significativamente na boca do mais desprezível de todos os personagens de Shakespeare. É Iago quem diz: "Ora vamos, o bom vinho é uma criatura familiar, sendo bem usado: deixe de clamar contra ele" (Ato II cena III 313-5). É o próprio Cássio, o homem bem-intencionado mas fraco, quem declara:

> Oh espírito invisível do vinho, se não és conhecido por nenhum nome, vamos chamar-te diabo!"
>
> (Ato II cena III 283-4)
>
> ....
>
> Eu me lembro de um montão de coisas, mas nenhuma distintamente; uma briga, mas sem motivo. Meu Deus, como podem os homens enfiar um inimigo na boca, a fim de lhes roubar o cérebro; ou nós com alegria, festa, prazer e aplauso, transformarmo-nos em animais!
>
> (Ato II cena III 289s)

O Segundo Senador descreve assim a fraqueza de Tímon de Atenas:

> Um brigão contumaz; e o seu pecado
> O afoga e aprisiona o seu valor.
> Sem inimigos, esse bastaria
> Para vencê-lo. Nessa fúria louca
> É sabido que ele comete ultrajes

E nutre ódios; fomos informados
Que vive mal e é perigoso bêbado.
(*Tímon de Atenas*, Ato III cena V 68s)

Em *Noite de Reis*, Viola combina o hábito da bebida com outros defeitos nessas palavras:

Odeio mais ao homem que é ingrato
Que ao mentiroso, ao delator, ao bêbado,
Ou ao que leve o mais corrupto vício
Que corre em nossas veias.
(Ato III cena IV 387s)

O velho Adam explica seu vigor na velhice dizendo:

Pois quando moço nunca sujeitei
O meu sangue a bebidas muito quentes
(*Como quiserem*, Ato II cena III 48-9)

No primeiro ato de *A tempestade*, o naufrágio é atribuído à embriaguez dos marinheiros. Assim, a peça está em acordo com a história, pois foi a bebida que causou o extravio da expedição de Gates e Somers, que se acredita tenha inspirado a cena. Esses trechos mostram que Shakespeare apreendeu claramente os males econômicos e sociais do álcool, que levaram em tempos mais recentes à restrição legal do tráfico de bebidas nos Estados Unidos. A comunidade ideal de Gonzalo não tinha vinho.

Um dos traços notáveis da tecnologia moderna é a utilização dos resíduos. Muitos subprodutos da agricultura e das artes industriais que outrora eram jogados fora hoje são guardados e comercializados. Essa ideia é apresentada pelo frade Lourenço. Fiel a sua profissão, ele termina seu solilóquio com uma pequena homilia moral, mas com base num fato econômico.

É grande e forte a graça que é encontrada
Na virtude que à planta e erva é dada.
Não há nada tão vil no que aqui vem
Que a terra não lhe dê sequer um bem.
E nem nada é tão bom que, exagerado,

Não caia em perversão e traia o fado.
A virtude é um vício, mas gerida;
E o vício, vez por outra, salva a vida.
No sumo desta flor, pra quem procura
Mata o veneno, e o remédio cura.
Se cheirada, é propícia à compleição;
Provada, para o senso e o coração.
Dois reis opostos têm presença igual,
Em planta e homem 'stão a graça e o mal;
Quando a parte pior é que se adianta
Logo o cancro da morte come a planta.
(*Romeu e Julieta*, Ato II cena III 15s)

Pensamento similar é expresso pelo Rei em *Henrique V*, embora com ênfase maior no aspecto moral:

Há algum bem de alma até no mal,
Se com atenção os homens o destilam
(Ato IV cena I 4-5)

Os trechos citados neste capítulo nada provam no que diz respeito às opiniões pessoais de Shakespeare em questões de economia social. Ninguém pode dizer positivamente que ele era ou não esnobe, que era a favor ou contra os cercamentos, que apoiava ou se opunha ao abuso de poder das classes privilegiadas. Porém, parece estar claro que reconhecia a existência dos abusos de poder, estava plenamente consciente de um ideal que eliminaria esses abusos, sabia dos males do consumo perdulário e danoso, estava consciente das complicadas interações sociais entre bem e mal, de tal modo que uma coisa em si mesma ruim poderia dar alguns resultados bons, e o uso excessivo de uma coisa em si mesma boa poderia levar a maus resultados. Em outras palavras, sem jamais ter ouvido as palavras economia ou sociologia, estava totalmente consciente da influência das condições econômicas sobre o bem-estar social e da possibilidade de haver um organismo social mais perfeito que a sociedade elisabetana da qual fazia parte.

Epílogo

Dissemos o suficiente para mostrar que, se não tivéssemos qualquer prova histórica relativa às condições de vida na Inglaterra do final do século XVI e início do XVII, exceto as peças e poemas de Shakespeare, mesmo assim poderíamos construir, a partir apenas de suas obras, um retrato bastante verdadeiro da economia de seu tempo.

Sabemos que se trata de uma época de descobertas, empreendimentos e comércio que alcançaram partes distantes e ainda inexploradas do mundo. Esse comércio marítimo resultou na importação de muitos produtos estrangeiros, tais como frutas e legumes exóticos, relógios, ricos tecidos de seda, especiarias variadas e outras coisas. Para facilitar tal comércio externo, desenvolveu-se um sistema bancário e de crédito. O uso de letras de câmbio e hipotecas era comum. A falência era bem conhecida. O sistema arábico de aritmética estava substituindo o cálculo feito com peças ou contas. A cunhagem de moedas no país era sofisticada, e até as moedas estrangeiras entraram em uso comum. A redução do conteúdo metálico da moeda foi diversas vezes usada pelo governo, assim como os indivíduos também lançavam mão do recorte e desgaste de moedas. O valor da prata, medido em ouro, ainda era alto em comparação com os tempos modernos.

No que diz respeito à agricultura e ao mundo rural, Shakespeare nos mostra que a atividade agrícola era diversificada e a criação de ovelhas importante. Ele até nos dá o preço da lã em seu tempo. Mostra que as propriedades dos cavalheiros ornavam-se de pomares, jardins esmerados e lagos de pesca. A propriedade da terra era um tanto complicada. Existia uma distinção entre terrenos de propriedade individual e terras comuns, e a questão dos cercamentos provocava reações profundas.

As artes manuais tinham produção obviamente reduzida. Não havia manufatura em grande escala. A mineração e a metalurgia ainda não tinham assumido uma posição de preeminência. Os artesãos eram vistos mais ou menos com desprezo pelas classes dominantes. Os trabalhadores rurais não se especializavam e desempenhavam suas funções baseados apenas na experiência. Estavam num período de transição, passando de uma condição de estatuto fixo à de contrato, e o desemprego e a vagabundagem eram bastante comuns.

A sociedade de Shakespeare era aristocrática em sua estrutura, e prevalecia a primogenitura. Mas pensadores avançados estavam conscientes dos abusos na distribuição da riqueza e dos males da concessão de monopólios e outros privilégios que a posição social e a riqueza eram capazes de obter. Eles já sonhavam com a criação de uma comunidade ideal da qual esses males estariam banidos.

Felizmente, o historiador econômico não precisa estudar seu Shakespeare para obter um retrato da vida econômica da era elisabetana. Os arquivos bem preservados do governo, das universidades e empresas, para não falar dos escritores da época, fornecem-lhe material muito amplo. Mas o fato de esses dados serem encontrados nos escritos do maior poeta da Inglaterra é de inegável interesse tanto para o economista quanto para o estudioso de literatura.

A economia foi chamada de ciência triste ou deprimente, mas, se o maior poeta da língua inglesa também era um economista, então a economia talvez tenha algo a ver com a poesia. Na verdade, não somente a prosperidade econômica fornece o húmus em que a flor da poesia desenvolve sua maior beleza, como os processos econômicos oferecem de forma mais direta as ideias, os símiles, a ação de dramas que dizem respeito aos interesses vitais dos homens e da sociedade. Há economistas tristes. Há também poetas lastimosos, cuja própria existência confirma o ditado: *poeta nascitur non fit*.* Pois, se fosse preciso fazê-los, está claro que a demanda econômica não justificaria o investimento de capital em sua execução. Se feitos, devemos supor que o foram "por pobres operários da natureza, que não os souberam fabricar".

Mas se o grande poeta pode ser um economista, então o economista realmente grande deve ter algo de poeta, quer expresse suas ideias em verso, quer

* Em latim no original: o poeta nasce feito, pronto. (N.E.)

não. Pois ele deve ter imaginação para visualizar tanto o futuro quanto o passado, deve ver as forças da sociedade em suas verdadeiras proporções e em sua devida perspectiva; ele também

> ao ar inconsistente,
> Dá local de morada e até um nome.
> (*Sonho de uma noite de verão*, Ato V cena II)

Karl Pearson, em *Grammar of Science*, diz:

> Em certo sentido, todos os grandes cientistas foram grandes artistas; o homem sem imaginação pode coletar fatos, mas não pode fazer grandes descobertas. ... Quando vemos uma grande obra da imaginação criadora, um quadro notável ou um drama poderoso, qual a essência do fascínio que exercem sobre nós? Por que nosso juízo estético declara que são verdadeiras obras de arte? Não é porque encontramos concentrada numa breve declaração, numa fórmula simples ou em alguns símbolos uma ampla gama de emoções e sentimentos humanos?

Essa reflexão lança luz sobre a influência de Shakespeare. É o realismo, o contato com a vida prática, que torna suas imagens tão expressivas. Assim, se o economista pode lucrar com o exercício da imaginação, do mesmo modo o poeta pode lucrar – como muitos grandes poetas fizeram – com a compreensão do ambiente econômico em que vive. Nessa época de especialização, precisamos ser constantemente lembrados das inter-relações não somente das ciências, mas entre ciência e arte, análise e síntese, crítica e criação. O maior de nossos contemporâneos não pode mais reivindicar, como Bacon, que todo o conhecimento é sua província. O vasto aumento de nosso conhecimento necessita de especialização minuciosa e não poderia ter sido alcançado sem ela.

Estamos vendo agora, porém, que a especialização pode ir longe demais, e já se lança um movimento que reconhece a necessidade da especialização na pesquisa e, ao mesmo tempo, insiste em que um conhecimento mais amplo é essencial na aplicação dos seus resultados para o bem-estar dos homens. "Jovem que fica em casa é limitado" (*Dois cavalheiros de Verona*, Ato I cena I 2), e se nenhum de nós reivindica ser especialista em mais de um campo limitado, cada um de nós pode lucrar com uma visita ocasional à propriedade de seu vizinho.

Notas

1. Economia e teatro (p.109)

1. Essa afirmação deveria ser ampliada tendo em vista a publicação de *Problem Comedies of Shakespeare*, do professor Lawrence. A expressão é usada neste livro num sentido especial para designar certas peças "que claramente não se enquadram na categoria da tragédia, mas que são sérias e analíticas demais para caber na concepção comumente aceita de comédia" (p.5). Em seu estudo dessas peças, o professor Lawrence dá ênfase especial às equivalências de costumes medievais. Por outro lado, a peça problemática moderna trata em geral de questões econômicas e sociais dos nossos dias, e é nesse sentido que se recorre aqui à expressão.

2. O cenário econômico (p.111)

1. O texto de Rathgeb foi reeditado em W.B. Rye, *England as Seen by Foreigners in the Days of Elisabeth and James the First*, p.3-53. Relato do assalto, p.xciv.
2. Ibid., p.xciv, xcvii.
3. J.D. Rogers, "Voyages and Exploration", in *Shakespeare's England*, vol.I, p.170.
4. Sobre a ilha de Próspero, ver H.H. Furness, *The Tempest*, IX, vol.1, p.306-15.
5. Sobre a expedição de Gates e Somers, ver J.D. Rogers, em *Shakespeare's England*, vol.I, p.193-4.
6. *A Book of Homage to Shakespeare*, p.364-72.

3. O mar e seus empreendimentos (p.123)

1. J.D. Rogers, in *Shakespeare's England*, vol.I, p.176s.
2. Ibid., vol.I, p.187.
3. T. Brooke. *Shakespeare of Stratford*, p.139, 149.
4. Sobre essa questão, ver H.H. Furness, *The Winter's Tale*, vol.XI, p.139-41 ss.
5. J.D. Rogers, *Shakespeare's England*, vol.I, ao lado da p.174.
6. E.I. Fripp refere-se, em conexão com a frase, "vira-lata islandês de orelha torta!", a um tratado sobre cães em latim de Johannes Caius, "e recentemente traduzido para o inglês por Abraham Fleming, 1576", no qual ele diz: "Cães exóticos, vira-latas certamente, muito usados em lugar do spaniel, refiro-me a cães islandeses, totalmente encaracolados e hirsutos, que, em virtude do comprimento de seu pelo, não exibem focinho ou corpo." *Shakespeare's Haunts*, p.138.
7. Ver *Ben Jonson's Plays*, Everyman's Library, vol.I, p.86s; para uma discussão, ver também H.H. Furness, *The Tempest*, IX, p.179-80.

8. Sobre esse tema, ver C. Stevenson, "Insurance and business adventure in the days of Shakespeare", *Proceedings of the Numismatic and Antiquarian Society*, vol. XXVI, 15 abr 1912, p.241-68.

9. C. Hughes, "Land travel", *Shakespeare's England*, 1,p.199.

10. L.G. Laughton, "The Navy: ships and sailors", Ibid., vol.I, p.141.

11. T. Coryat, *Coryat's Crudities*, vol.II, p.81-2.

12. C. Hartwich, *Die Menschlichen Genussmittel*, p.64.

13. G.L. Apperson, *Social History of Smoking*, p.21.

14. Jaime VI, *Counterblaste to Tobbacco*, reimpressão de Arber da edição de 1604, p.112.

15. A citação do prefácio da edição *in quarto* de *Troilus e Créssida* é copiada da reedição in W.W. Lawrence, *Shakespeare's Problem Comedies*, p.129-30. Shakespeare tem outro trecho que talvez tenha sido inspirado pelo tabaco. Ele aparece com conexão diferente na p.118, onde lemos: "... e na névoa / De seu bafo de dieta barata / Beberemos seus vapores" (*Antônio e Cleópatra* Ato V cena II 214-6). Devemos lembrar que no século XVI as pessoas falavam geralmente em beber tabaco, em vez de fumar. Podemos lembrar também que embora apliquemos a palavra dieta à comida, Henry Buttes, em *Dyets Dry Dinner*, publicado em 1599, inclui o tabaco como o último de seus oito pratos. Se o trecho for lido com esses fatos em mente, é evidente que suas palavras se aplicam muito melhor a uma nuvem de fumaça de tabaco do que à respiração natural do homem.

4. A terra e sua fartura (p.139)

1. "Agriculture and gardening", em *Shakespeare's England*, vol.I, p.346.

2. E.K. Chambers, *William Shakespeare*, vol.I, p.12.

3. F.G. Savage, *Flora and Folk Lore*, p.395.

4. T. Brooke (org.), *The Shakespeare Songs*, p.7.

5. R.E. Prothero, *Shakespeare's England*, vol.I, p.372.

6. Ibid., vol.I, p.371-9.

7. "Plants", *Shakespeare's England*, vol.I, p.515.

8. R.E. Prothero, *Shakespeare's England*, vol.I, p.357.

9. P. Macquoid, "Costume", *Shakespeare's England*, vol.II, p.111; G. Unwin, "Commerce and coinage", ibid., vol.I, p.322.

10. J.Q. Adams, *Life of Shakespeare*, p.11; E.K. Chambers, *William Shakespeare*, vol.II, p.14; E.I. Fripp, *Shakespeare's Haunts*, p.104.

11. G. Unwin, em *Shakespeare's England*, vol.I, p.329n.

12. Ver página 36 da reimpressão da New Shakspere Society. Ver também H.H. Furness, *Winter's Tale*, vol.XI, p.169.

13. R.E. Prothero. *Shakespeare's England*, vol.I, p.355.

14. *A New English Dictionary* (Oxford), "*king*" vol.v, p.8a; também Lewis e Short, *Latin Dictionary*, "*apis*".

15. C.T. Onions, "Animals", *Shakespeare's England*, vol.I, p.493.

16. R.E. Prothero, *Shakespeare's England*, vol.I, p.359.

17 Idem.

18. H. Rew, “Farming in Shakespeare’s time”, *The Nineteenth Century*, vol.XCIX, jun 1926, p.867.
19. *Annals*. Prefácio a *Briefe Conceipt*, p.xiv.
20. E.K. Chambers, *William Shakespeare*, vol.I, p.360; vol.II, p.99-101.
21. R.E. Prothero, *Shakespeare’s England*, vol.I, p.348.
22. T. Brooke, “Shakespeare’s moiety of the Stratford tithes”, *Modern Language Notes*, vol.XL, 1925, p.462-9.
23. J.Q. Adams, *A Life of William Shakespeare*, p.388.
24. C.C. Stopes, *Shakespeare’s Warwickshire Contemporaries*, p.221.
25. C.M. Ingleby et al., *Shakespeare and the Enclosure of Common Fields at Welcombe*, Introdução, p.iii; “Transcript”, p.11.
26. Ibid., Apêndice, p.15-6.
27. Ibid., p.x.
28. Ibid., Apêndice, p.16-8.
29. iIbid., Apêndice, p.19.
30. Ver, por exemplo, J.Q. Adams, *A Life of William Shakespeare*, p.388-9; H.C. Beeching, “The benefit of the doubt”, *A Book of Homage*, p.121-5; T. Brooke, “Shakespeare’s moiety of the Stratford tithes”; Idem, *Shakespeare of Stratford*, p.52-5, p.59-63, p.75-8; E.K. Chambers, *William Shakespeare*, vol.II, p.141-9; Halliwell-Phillipps, *Outlines of the Life of Shakespeare*, 8ª ed., vol.I, p.246-9; C.M. Ingleby et al., *Shakespeare and the Enclosure of Common Fields at Welcombe*; R.E. Prothero, *Shakespeare’s England*, vol.I, p.367-8; C.C. Stopes, *Shakespeare’s Warwickshire Contemporaries*, p.222-4; *Eadem*, *Shakespeare’s Environment*, p.81-91, p.336-42.
31. Ver T. Brooke, *Shakespeare of Stratford*, p.75, para uma reprodução do contrato; ver também C.M. Ingleby et al., Apêndice, p.1.
32. Ingleby, op.cit., p.iii-vi.
33. E.K. Chambers, *William Shakespeare*, vol.II, p.149; ver também T. Brooke, *Shakespeare of Stratford*, p.75-8.
34. Ingleby, op.cit., p.16.
35. Ibid., p.18.
36. Ibid., p.xii; R.E. Prothero, *Shakespeare’s England*, vol.I, p.368.

5. A troca e seus instrumentos (p.168)

1. G. Unwin, “Commerce and coinage”, *Shakespeare’s Englan*d, vol.I, p.311-45, faz um relato detalhado e ilustrado da cunhagem na época de Shakespeare.
2. Ver *Briefe Conceipt*, p.viii, p.100.
3. G. Unwin, *Shakespeare’s England*, vol.I, p.342-3.
4. Ibid., p.340-5.
5. A. Soetbeer, *Edelmetall-Produktion*, p.124; ver também HH. Furness (org.) *Merchant of Venice*, VII, p.105.
6. D.E. Smith, *Arithmetic, History of*, in *The Americana*, vol.II; *Sacrobosco*, ibid., vol. XVIII.
7. D.E. Smith, *Rara Arithmetica*.
8. Figura no frontispício da edição original deste livro em inglês.

9. E.B. Knobel, "Astronomy and astrology", in *Shakespeare's England*, vol.I, p.447.

10. D.H. Leavens, "The chinese Suan P'an", *The American Mathematical Monthly*, vol.XXVII, abr 1920, p.180-3; ver também, Smith e Mikami, *A History of Japanese Mathematics*, p.19s.

6. O TRABALHO E SEU STATUS (p.185)

1. G. Unwin, *Shakespeare's England*, vol.I, p.327.
2. R.E. Prothero, *Shakespeare's England*, vol.I, p.365-6.

7. ECONOMIA SOCIAL (p.194)

1. G.B. Shaw, *Tolstoy on Shakespeare*, p.114.
2. Ibid., p.100, p.105.
3. Ibid., p.61-3, p.78.
4. J. Florio, *The Essays of Lo. Michael de Montaigne*, vol.I, p.100-2.
5. Citado por G. Unwin, *Shakespeare's England*, vol.I, p.320.
6. Ibid., I, p.317.
7. Ibid., p.344s.
8. C.K. Davis, *The Law in Shakespeare*, p.260-6; D.P. Barton, *Shakespeare and the Law*, p.51-4.
9. F.E. Schelling, "The common folk of Shakespeare", *A Book of Homage to Shakespeare*, p.372.

Lista de livros consultados

O que se segue não pretende ser uma bibliografia. Seu objetivo é fazer com que o leitor encontre rapidamente os títulos completos dos livros citados e de alguns outros utilizados, embora não citados nas notas. Inclui-se aqui somente uma das muitas edições das obras de Shakespeare. Seguimos a Globe Edition em citações e referências.

ADAMS, Joseph Quincy. *A Life of William Shakespeare*. Boston/Nova York: Houghton Miffiin Company/The Riverside Press Cambridge, 1925.

ANDERS, H.R.D. *Shakespeare's Books. A Dissertation on Shakespeare's Reading and the Immediate Sources of his Works*. Shakespeare Gesellschaft, vol.I, 1904, p.20.

___. *Shakespeare's Belesenheit*. Berlim: E. Ebering, 1900.

APPERSON, G.L. *The Social History of Smoking*. Nova York: G.P. Putnam's Sons, 1916.

BARTON, sir Dunbar Plunket. *Shakespeare and the Law*. Prefácio de James M. Beck. Boston/Nova York: Houghton Mifflin Company, 1929.

BEECHING, H.C. "The benefit of the doubt". *A Book of Homage to Shakespeare*, p.120-5.

A BOOK of Homage to Shakespeare to Commemorate the Three Hundredth Anniversary of Shakespeare's Death, MCMXVI. Israel Gollancz (org.), Litt.D., F.B.A., secretário honorário da Comissão do Tricentenário de Shakespeare. Oxford: Humphrey Milford/Oxford University Press [1916].

A BRIEFE Conceipt of English Pollicy. *Ver* Stafford, William.

BROOKE, Tucker. "Shakespeare's moiety of the Stratford tithes". *Modern Language Notes*, dez 1925, vol.40, p.462-9.

__ (org.). *The Shakespeare Songs. Being a Complete Collection of the Songs Written by or Attributed to William Shakespeare*. Introdução de Walter de la Mare. Nova York: William Morrow & Company, 1929.

__. *Shakespeare of Stratford. A Handbook for Students*. (*The Yale Shakespeare*). New Haven: Yale University Press, 1926.

CHAMBERS, E.K. *William Shakespeare. A Study of Facts and Problems*, 2 vols. Oxford: Clarendon Press, 1930.

__. "William Shakespeare". *Encyclopedia Britannica*, 14ª ed., vol.20, p.433-53.

CLARK, Eva Turner. *Hidden Allusions in Shakespeare's Plays. A Study of the Oxford Theory Based on the Records of Early Court Revels and Personalities of the Times*. Nova York: William Farquhar Payson, 1931.

CORYAT, Thomas. *Coryat's Crudities. Hastily Gobled up in Five Moneths Travells in France, Savoy, Italy, Rhetia Commonly Called the Grisons Country, Helvetia alias Switzerland, Some Parts of High Germany and the Netherlands; Newly Digested in the Hungry Aire of Odcombe in the County of Somerset, and now Dispersed to the Nourishment of the Travelling Members of this Kingdome*, 2 vols. Glasgow: James MacLehose and Sons. Nova York, The Macmillan Company, 1905 [1611].

CROSBY, Ernest H. "Shakespeare and the working classes". *Tolstoy on Shakespeare*, p.82-113.

DAVIS, Cushman K. *The Law in Shakespeare*, 2ª ed. St. Paul: West Publishing Company, 1884.

FLORIO, John. *The Essays or Moral, Politike, and Military Discourses, of Lo. Michael de Montaigne, Knight of the Noble Order of St. Michaei, and One of the Gentlemen in Ordinarie of the French King Henry the Third his Chamber. The second book*. Londres: Miles Flesher, 1631.

FRIPP, Edgar I. *Shakespeare's Haunts near Stratford*. Londres: Oxford University Press/Humphrey Milford, 1929.

___. *Shakespeare's Stratford*. Londres: Oxford University Press/Humphrey Milford, 1928.

FURNESS, Horace Howard (org.). *A New Variorum Edition of Shakespeare*, 19 vols. Filadélfia/Londres: J.B. Lippincott Company, 1871-1928.

FURNIVALL, Frederick, J. (org.). *Ver* Stafford, William.

GOLLANCZ, Israel et al. (org.). *A Book of Homage to Shakespeare to Commemorate the Three Hundredth Anniversary of Shakespeare's Death, MCMXVI*. Londres: Humphrey Milford, Oxford University Press [1916].

GONNER, E.C.K. *Common Land and Inclosure*. Londres: Macmillan and Company, 1912.

GREENE, Thomas. *Diary*. *Ver* Ingleby (org.).

HALLIWELL-PHILIPPS, J.O. *Outlines of the Life of Shakespeare*, 8ª ed., 2 vols. Londres/Nova York: Longmans, Green and Co., 1889.

HARTWICH, dr. C. *Die menschlichen Genussmittel. Ihre Herkunft, Verbreitung, Geschichte, Anwendung, Bestandteile und Wirkung*. Leipzig: Chr. Herm. Tauchnitz, 1911.

HENTZNER, Paul. *A Journey into England in the Year MDXCVII* (1ª impressão 1757), in Strawbery Hill, Horace Walpole (org.). Edimburgo, 1881. *Ver também* Rye, W.B. "Extracts from Paul Hentzner's travels in England, 1598". *England as Seen by Foreigners*, p.103-13.

HOPPIN, James Mason. *The Reading of Shakespeare*. Boston/Nova York: Houghton Mifflin Company/The Riverside Press, 1906.

HUGHES, Charles. "Land travel". *Shakespeare's England*, vol.I, p.198-223.

Ingleby, C.M. et al. (org.). *Shakespeare and the Enclosure of Common Fields at Welcombe, Being a Fragment of the Private Diary of Thomas Greene, Town Clerk of Stratford-upon-Avon, 1614-1617*. Birmingham: Robert Birbeck, Broad Street, 1885.

JAIME VI da Escócia, I da Inglaterra. in Edward Arber (org.). *A Counterblaste to tobacco*. (The essayes of a prentise, in the divine art of poesie. Edinburgh, 1585. A Counterblaste to tobacco. Londres, 1604.) Londres, 1 out 1870, p.99-112.

JONSON, Ben. "Every man out of his humour", in *The complete plays of Ben Jonson*, I, p.1-148. Everyman's Library, Nova York: E.P. Dutton & Co., reedição de 1925.

KAUFMAN, Nathan. *Shakespeare: What He Means to You*. Nova York: Raymond Book Co., 1928, p.xxiii, p.139.

KNOBEL, E.B. "Astronomy and astrology", *Shakespeare England*, vol.I, p.444-61.

LAMBERT, D.H. (org.). *Cartae Shakespeareanae. Shakespeare Documents. A Chronological Catalogue of Extant Evidence Relating to the Life and Works of William Shakespeare*. Londres: George Bell and Sons, 1904, p.xxi , p.107.

Laughton, L.G. Carr. "The navy: ships and sailors", *Shakespeare's England*, vol.I, p.141-69.

Lawrence, William Witherle. *Shakespeare's Problem Comedies*. Nova York: The Macmillan Company, 1931, p.ix, p.259.

Leavens, Dickson H. *The Chinese Suan P'an*. Reimpresso de *The American mathematical monthly*, n.27, abr 1920, p.180-4.

Lyly, John. In Edward Arber (org.). *Euphues, and his England*. Editio princeps, 1580. (Impresso *Euphues, the anatomy of wit*, English reprints, vol.IV.) Londres: A. Murray & Son, 1868, p.3, p.479.

Mabie, Hamilton Wright. *William Shakespeare. Poet, dramatist and man*. Nova York/Londres: The Macmillan Company, 1900, p.xviii , p.421.

Macquoid, Percy. "Costume", *Shakespeare's England*, vol.I, p.91-118.

Marcks, Erich. *Männer und Zeiten. Aufsätze und Reden zur neueren Geschichte*. 2 vols. Leipzig: Quelle & Meyer, 1911. *Ver* "In England der Elisabeth", vol.I, p.23-45.

Masefield, John. *William Shakespeare*. Nova York/Londres: Henry Holt and Company/ Williams and Norgate, 1911, p.vi, p.256.

Mikami, Yoshio. *Ver* Smith, David Eugene.

New shakespeare society. *William Stafford's Compendious or Briefe Examination*. *Ver* Stafford, William.

Onions, C.T. "Animals", *Shakespeare's England*, vol.I, p.475-99.

Pearson, Karl. *The grammar of science*. 2ª ed. Londres: Adam and Charles Black, 1900, p.xviii, p.548.

Prothero, R.E. "Agriculture and gardening", *Shakespeare's England*, vol.I, p.346-80.

__. *English Farming, Past and Present*. Londres/Nova York: Longmans, Green and Co., 1912, p.504.

Raleigh, *sir* Walter (org.). *Shakespeare's England. An Account of the Life And Manners of his Age*. 2 vols. Oxford: The Clarendon Press, 1916, p.xviii, p.546; p.x, p.610.

Rathgeb, Jacob. *Frederick, Duke of Wirtemberg, 1592. A true and faithful narrative of the bathing excursion [Badenfahrt], which his Serene Highness Frederick, Duke of Wirtemberg, Count of Mümppelgart, Knight of the Garter, made a few years ago to the far-famed Kingdom of England as it was noted down daily in the most concise manner possible at his Highness's gracious command by his private secretary (Jacob Rathgeb), who accompanied him*. In RYE, William Brenchley. *England as Seen by Foreigners in the Days of Elisabeth and James the First*, p. 1-53.

Rew, Henry. "Farming in Shakespeare's time". *The Nineteenth century*, jun 1926, p.99, p.857-68.

Rogers, J.D. "Voyages and exploration: geography: maps", *Shakespeare's England*, vol.I, p.170-97.

Root, A.I. e E.R. Root. *The ABC and XYZ of bee culture*. Medina: The A. I. Root Company, 1919, p.856.

Rye, William Brenchley. *England as Seen by Foreigners in the Days of Elisabeth and James the First*. Londres: John Russell Smith, 1865, p.cxxxii, p.300.

Sarrazin, Gregor. "Shakespeare als Landmann". *Jahrbuch der deutschen Shakespeare-Gesellschaft*, 1912, p.48, p.xii-xxx.

Savage, F.G. *The Flora & Folk Lore of Shakespeare*. Cheltenham/Londres: J. Burrow & Co., Ltd., 1923, p.420.

SCHELLING, Felix E. "The common folk of Shakespeare", *A Book of Homage to Shakespeare*, p.364-72.

__. "Introduction", *Complete Plays of Ben Jonson*. Everyman's Library, vol.I, vii-xxvii.

SCHMIDT, Alexander. *Shakespeare-Lexicon. A Complete Dictionary of all the English Words, Phrases and Constructions in the Works of the Poet.* 2 vols. Berlim, 1874, p.678-9, p.1.452.

SHAKESPEARE'S *England*. *Ver* Raleigh, sir Walter.

SHAW, G. Bernard. "Mr. G. Bernard Shaw on Shakespeare", *Tolstoy on Shakespeare*, p.114-6.

SMITH, David Eugene. "History of arithmetic", *The Americana*, vol.II.

__. *Rara Arithmetica, a Catalogue of the Arithmetics Written before the Year MDCI with a Description of those in the Library of George Arthur Plimpton of New York.* 2 vols. Boston/Londres: Ginn and Company, MDCCCCVIII, p.xiii, p.252, p.507.

SMITH, David Eugene e Yoshio Mikami. *A History of Japanese Mathematics*. Chicago: The Open Court Publishing Co., 1914, p.v, p.288.

SOETBEER, dr.Adolf. *Edelmetall-Produktion und Werthverhältniss zwischen Gold und Silber seit der Entdeckung Amerika's bis zur Gegenwart.* Gotha: Justus Perthes, 1879, p.142.

STAFFORD, William. *Compendious or Briefe Examination of Certayne Ordinary Complaints of Divers of our Countrymen in these our Dayes*, A.D. 1581, ("A briefe conceipt of english pollicy"). Londres, 1876, p.xx, p.114.

STEVENSON, sra.Cornelius. "Insurance and business adventure in the days of Shakespeare and those of William Penn". *Numismatic and Antiquarian Society of Philadelphia, Proceedings*, 15 abr 1912, p.26, p.241-68.

STOKES, Francis Griffin. *A Dictionary of the Characters & Proper Names in the Works of Shakespeare, with Notes on the Sources and Dates of the Plays and Poems.* Londres/Calcutá/Sydney: George G. Harrap & Company, Ltd., p.xv, p.360.

STOPES, sra. C.C. *Shakespeare's Environment*. Londres: G. Bell and Sons, Ltd., 1914, p.xii, p.359.

__. "Shakespeare and the Welcombe enclosures: a new detail in his life". *The Athenaeum*, 27 set, 1913, p. 317-8.

__. *Shakespeare's Warwickshire Contemporaries*. Shakespeare Head Press, Stratford-upon-Avon, 1907, p.273.

TAWNEY, R.H. *The agrarian problem in the sixteenth century*. Londres/Nova York: Longmans, Green and Co., 1912, p.xii, p. 464.

THISELTON-DYER, sir Willlam T. "Plants", *Shakespeare's, England*, vol.I, p.500-15.

TOLSTÓI, Leon. "Shakespeare and the drama", *Tolstoy on Shakespeare*, p.7-81.

TOLSTOY *on Shakespeare*. Londres: Everett & Co.,1902, p.120.

UNWIN, George. "Commerce and coinage", *Shakespeare's England*, vol.I, p.311-45.

VATKE, dr. Theodor. "Geld und Geldwerth in Shakespeare's England". *Jahrbuch der deutschen Shakespeare-Gesell schaft*, 1885, p.20, p.119-30.

WARD, H. Snowden e Catherine Weed Ward. *Shakespeare's town and times*. Londres: Dawbarn & Ward, ltd., 1896, p.176.

Índice de trechos citados das obras de Shakespeare

Índice remissivo

ESTA OBRA FOI COMPOSTA POR MARI TABOADA EM CARAMELA E FOURNIER
E IMPRESSA EM PROCESSO SOB DEMANDA PELA UM LIVRO SOBRE
PAPEL OFFWHITE PARA A EDITORA SCHWARCZ A PARTIR DE 2025

FSC
www.fsc.org
MISTO
Apoiando o manejo florestal responsável
FSC® C128038

A marca FSC® é a garantia de que a madeira utilizada na fabricação do papel deste livro provém de florestas que foram gerenciadas de maneira ambientalmente correta, socialmente justa e economicamente viável, além de outras fontes de origem controlada.